JN408960

능금나무와의 사랑

능금나무와의 사랑

| 권 동 웅 작품집 제3집 |

도서출판 천우

존사람의 시와 수필, 소설과의 만남

• • •

국정농단이다, 탄핵이다, 촛불집회다, 태극기집회다, 2016년부터 시작된 국민 분열의 모습들은 해가 바뀌어도 좀체 식을 줄 모른다.

수없이 많은 사람들이 사는 국가이니만큼 나라 사랑하는 방법에서 차이가 나는 것은 어쩔 수 없다하더라도 나라 사랑하는 마음은 같아야 하는데 이건 나라 사랑하기 때문에 그러한 것인지 아니면 자기들의 이익 때문인지 의문이 가는 경우가 허다하니 안타깝다.

해가 바뀌어 2017년이 되어 정권이 바뀌어도 식을 줄 모른다.

또 한 해를 지난다. 2018년이 되어도 마찬가지이니 그 끝은 어디일까? 나보다 우리보다 국가를 먼저 생각하는 마음을 가져야 하겠다.

내가, 우리가 손해를 보더라도 '국가를 위하는 길이고 방법이라면' 양보하고 협조하는 마음을 가져야겠다.

● 작가의 말

흔히들 줄을 잘 서야 한다고 말합니다. 줄을 잘 서면 하루 아침에 장관도 되고 수석도 됩니다. 권력을 잡고 요즘 흔히들 하는 말로 발밑에 많은 사람을 거느리고 거들먹거리면서 힘을 휘두르기도 하고 돈을 많이 벌기도 합니다.

그러나 줄을 잘 선 덕이 나를 위한 일들에 사용되어서는 안 됩니다. 나와 관계되는 혈연 지연 학연으로 얽힌 사람들만을 위한 줄이 되어서는 안 될 것입니다.

줄을 잘 섰더니

남을 위해 봉사하고 희생하는 기회가 많아졌으며 여기 저기 불려 다니며 보살펴야 하는 일들의 연속이었습니다.

하루하루 고달프고 힘든 삶이지만 보람만은 하늘을 찌를 듯 더 높은 나의 삶이었습니다.

줄을 잘 선 덕에 죽어 영원한 하늘의 보화를 얻을 수 있는 기회를 주심에 감사합니다.

어느 종교인의 독백 같은 삶을 살아야 합니다.

공직자들의 삶도 이와 같아야 한다고 생각합니다.

2022년 10월

존사람 권동원

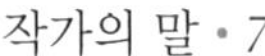

Part 01 시

Part 02 수필

Part 03 소설

Part 01 시

아름다운 단풍

나뭇가지에 매달린 나뭇잎
떨어져 누우면
흙 묻어
볼품없는 낙엽일 뿐
감출 곳 없는 허공(虛空)에서
울긋불긋 나신(裸身) 온몸을 뽐낼 때
아! 단풍 아름답다 말한다.
저마다 가치는
있어야 할 곳에
있을 때 값을 발한다.

인간만이

바람이 일어나도
나무는
가지 많다고 걱정하지 아니하고
눈에 쌓여
부러져도 아프다 말하지 않고
아름다운 꽃
무리지어 피어 있어도
서로 예쁘다며 경쟁하지 아니한다.
밤하늘 수많은 별들
너도나도 반짝여도
하늘 비좁다며 서로 등 떠밀지 아니하고
짙은 섣달 어두운 그믐밤을
달 대신하여 밝혀준다.
무릇 사람만이
키 크다, 키 작다
잘났다, 못났다
나 돈 많다, 나 돈 없다
견주고 경쟁하며
이놈에게 붙을까? 저놈에게 붙는 게 더 좋을까?
저울질한다.

되새김질 2

앞집 철이 아빠
오늘도 십오야 밝은 달은
두리두리 두둥실
밝은 달 타령인지
먹은 술타령인지
아니면
오늘도 시원찮은 일자리
아내 보기
면목 없는
신세타령인지
집으로 가는 길
언제나 같은 뒤뚱뒤뚱 갈지(之)자다.

새댁

새댁
부르기도 정겨운
어느 집 안주인은
이름은 새댁
시집 온 지 35년
아들 딸 낳아
장가들고 시집가
며느리 딸 새댁 되었는데
안주인은 아직도 새댁
집안 대소사
참여하시는
좋으신 시누이들
살아계시는 동안은
싫어도 새댁
검은 머리 파뿌리 되어도
한번 해병 영원한 해병 같이
안주인은 영원한 새댁

눈물과 빗물

때리는 소낙비 소리
창문이 울고
여름비가 흠뻑
어미 가슴에
오늘은 눈물이 되어 흐른다.
어제 내린 비
오늘 내리는 비
다 같은 비이건만
집 나간 아이 어미에게는
어제는 눈물이 되었고
돌아온 집 아이 어미에게는
오늘은 빗물이 된다.
어떻든 너무 상심 마소서
먼 후일 세월 흐르다 보면
다 아련한 추억이 됩니다.

함께 묻으리라

산에 묻는다는 부모
내 어머니를 나는 아직도 산에 묻지 못한다.
두 과부 함께 사시다
내게 하듯 해야 된다 유언(遺言) 남기시고
나이 많으신 내 어머니 과부 먼저 가셨으니
청상(靑孀)에 홀로 되어 엄마 같이 남편 같이 함께 사시다
큰집에 달랑 혼자 남으신 내 큰 누나
지난 세월 어찌 견디며 살았을까
모진 것 생명이라 어쩔 수 없다지만
긴 세월 흘러 육신과 함께
한(恨)도 원(願)도 염(念)도 거두어 가시는
그날이 언제일지
그날
내 가슴속에서 끄집어내어
함께 땅에 묻으리라.

성당의 종소리

어느 여름날
은하수가 흐르는 고운 밤에
처음 올라온 대구 앞산
불빛은 저리 많은데
사방 둘러보아도
내 한몸
마음 놓고 들어가 누워 쉴 공간
어디에도 하나 없다.
갑자기 눈앞이 흐려지더니
불빛은 아니 보이고
멍하니 산 아래
땡땡땡
대덕성당(大德聖堂)의 종소리만 들린다.

행운목이 꽃 피운 여러 날

우리 집에 와서 십 수 년 세월
너 큰 키나 둥치의 굵기 봐
다른 곳에서도
살아온 세월만큼이나 지나온 긴 세월 없지 않았을 거야
청청한 하늘 맑은 공기 시원한 물
무엇 하나 없는 거실에서
사방 한 뼘도 되지 않은 넓지 않은 삶의 터
척박한 토양에 뿌리 내리고
헛헛한 삶 이제까지 살아온 게야
그래도
목말라 축 늘어지면 용케도 알아서
욕실로 데려가 흠뻑 물을 먹여
가끔은
포만한 배 어루만지며 식곤증을 느끼기도 했었다.
어떤 날은
오랜 시간 햇빛 보기 어려웠다면서 베란다로 옮겨져
종일 태양과 얼굴을 마주하여 붉게 타기도 했었다.
그래도 살아오면서
좋은 사람들의 관심과 정성으로
좋지 않는 환경이지만 길들여져

용기와 집념으로 살아오길 이십 수 년
이제까지 고생하며 살아온 보람으로
몇 일간 거푸집을 만들더니
오늘 저녁 기어이 긴 시간 동안
하얀 꽃망울을 터뜨린다.
짙은 향기는
너 출산(出産)으로 인한 아픔의 또 다른 표현인가
여러 날 동안 낮에는 쉬다 저녁이 오면
위아래 두 가지
온 집안에 짙은 향기 이슬비 내리듯 뿌리면서
다시 또 다시
하얀 여덟 형제 꽃망울을 터뜨린다.

어렵사리 꽃을 피운 행운목

옛 무덤

뻥 뚫린 고속도로
우등버스 운전기사 뒤 높은 자리에 앉아서 창밖을 본다.
대구에서 서울까지
볼수록 올망졸망 산과 산 사이 아름답다.
다만 눈에 거슬리는
묘비도 석물도 많은 돌로 치장한 무덤
올라갈수록 많아지니
인구가 많은 수도권이 가까워지니
죽는 사람 수도 많은가 보다
수 백 년 지난 후 저 무덤
아마 후손 십중구구 찾아 올 일 없으니
평토되어 무덤인지? 아닌지?
넘어져 있는 흉물스런 저 많은 돌들을 보고
옛 무덤인 줄 알게야

유년의 기억

처음 탄 기차
산이 지나가고
창 밖에 넓은 들은 서서히 지나가고
지게를 진 사람은 바삐 지나가고
그 뒤를 꼬리 흔들며 소가 뒤따라간다.
전봇대는 휙
또 전봇대는 휙-휙 신기하게도
차는 가지 않고
창밖에 모든 것이 간다.

유년의 기억 2

명절날
새로 사 주신 신발
신을까?
흙이 묻으니
들고 다닐까?
헐렁한 새 옷
입은 걸까?
덮어씌운 걸까?

등굣길(60년대)

동네 고학년 남학생
일렬로 세운다.
논길 따라
앞서거니 뒤따르거니
하나 둘 하나 둘 구령도 불러가며
의기양양(意氣揚揚)하게 학교 간다.
책 보따리 오른 쪽 목에서 왼쪽 겨드랑이 아래로
대각선으로 질끈 동여매고
논두렁으로 양팔 흔들며
양양 빛나는 금호 건아는
힘차게 교가도 불러가며
어지간한 긴 줄이 되었다.
들판을 가르는 노래 속
애국심도 생기고
단결 협동하는 마음과 질서 지키는 마음이 만들어진다.
(혹 자는 획일적이며 복종적 길들이기란 비판도 있다)
지금 보니 유치하지만
지나고 나니 어린 날
시골서 자란 이들의 아련한 추억이어라.

누부야

누부야
흐르는 물 따라 한 아름의 세월이 송두리째 빠져 나간 자리에
기억마저 아물아물한 따뜻한 누부야 등에 업혀
철길 따라 논길 걸으며 꿈길에서 들은 옛 얘기는
언제 온 지도 모르고 따뜻한 아랫목까지 이어지는 자장가였다.
누부야
이제 세월 흘러 어느 한 순간을 알 수 없는 날들이 되어 버린 지금
지난 시간 회한으로 남습니다.
청상(靑孀)의 한(恨) 많은 인고(忍苦)의 세월
말 많은 세상사 가슴 조이며 살아온 지난날들
무엇이 두려워 그렇게 사셨나요.
지금은 없어져버린 허울 좋은 양반 때문이오?
아니면 좌익의 총구에 앗긴 남편
듣기도 거북한 청상과부(靑孀寡婦) 뒤
털린 팔자 다시 한번 고친다고 좋아질까?
의문 때문이오?
엄마 돌아가시기 전 해 봄 당신 운명 아셨는지?
내 죽으면 너 큰누부야다
나같이 생각하고 모셔야 한다는 말씀
유언 아닌 유언이 되고 마셨습니다.

한 집에 두 과부 같이 사시다
어머니 과부 떠나신 후 남은 생과부 한 분 설움 오죽하셨을까?
많은 세월 흐른 지금까지
몸에 밴 나 홀로의 습성은
꾹꾹 안으로만 삭이시는 그때부터 설움 아닐까요?
누부야 참말로 미안합니다.
지들은 아들 딸 낳고 잘 살면서 청상에 홀로 되신
지 누부야 생각은 조금도 하지 못했으니
나 혼자야 무슨 걱정이야 다 너희들 걱정이지
당신 걱정은 하나 아니하시고 오직 동생들 걱정
어머니 돌아가신 나이 되어 이제 철 조금 들려하니
육신 늙어버려 좋은 시절 다 가고 말았습니다.
어제 뵈오니
이제 정말 너무 사그라져
기약할 수 없는 날들뿐이라 생각하니
회한의 깊이만 더해갑니다.
이젠 부디 온갖 걱정 다 접으시고 당신 한 몸 돌보시며
평안히 사세요.

타박 받지 않으려면

그 어느 날
어느 화구에서 몸 불사르는가?
먼 기억의 뒤안길
심장마비로 쓰러진 또 하나의 젊음을 등에 업고
온통 눈물 가득한 슬픈 얼굴을 하고
냅다 병원으로 달렸던 지난 날
끝내 소생하지 못하고
화구에서 한줌의 재로 변한 그곳에
세월 흘러 나 또한 같은 곳에 신세를 질 것인가?
그땐 굴뚝에
알 수 없는 새 여러 마리가
하늘 어느 곳으로 길 안내하는지 빙빙 돌더니만
지금은 굴뚝 하나 없으니
안내할 새 한 마리 있을까마는
그래도 이런저런 일 다 겪고 가느니만큼
오고 가는 길에 나를 인도할
무엇 하나 없다 해도 그리 서러워 할 일 아니다.
조용히 지난 젊은 날 먼저 간 친구를 생각해 본다.
뜻 한번 펴지 못하고 가버린 지난 많은 세월

아무 한 일 없이 많이도 살았구나
타박 받지 않기 위해서도
나 이렇게 저렇게 착하게 살다보니 늦었다고
뭐 적당한 입막음 거리라도 만들면서 살아야겠다.

천막수업(6 · 25 한국 전쟁 후)

여름 날 천막 수업
찌는 더위에 숨이 막힌다.
천정은 누런 천
햇빛에 달아 프라이팬 되고
바닥은 흙
지열이 올라와 후텁지근
턱턱 숨이 막힌다.
숨통 트이라
감아올린 여불떼기 천막에서
비 온 후
이쪽저쪽 떨어지는 빗물은
똑 똑
소리되어
한가락 장단이어라.

지구 안에

짚불에 피어나는 연기
아침 이슬 영롱한 물방울
바람 따라가는 구름
어느 한 순간 사라져도 보이지 않을 뿐
이 세상에서 없어진 것
아무것도 없다.
지구 탄생 이후
없어진 것
우주공간(宇宙空間)으로
강대국이
쏘아올린 비행물체 뿐
죽어간 모든 것
다 썩어 흙으로 남고
없어진 것
형체뿐 이 안(지구)에 온전히 남아있다.

응답

아주 조그마한 다락방에 누워서도
가슴은 넓어 온 우주를 마음에 담았다.
어디에도 매이지 않는 마음
자유로울 수 있는 상상의 나래되어
시공을 뛰어넘어 궁금한 것
두 가지 여쭙는다.
그중 한 가지
어디에나 계시는 하느님께 수많은 대면 시도
뾰족탑 많은 동강난 이 민족
언제까지 분단으로 살아야 하나요?
아직 응답 없으시니
이 민족 모자람 많은가 보다.
또 한 가지
역사를 한참 거슬러 올라가
먼 선조들에게
반도로 내몰린 사유도 물어본다.
한(恨) 많은 과거사
어디 한두 가지 잘못이오?
어느 한두 사람 잘못인가?
많은 부분 잘못 있었고 모두 다 잘못이지

묻지만 말라 나무라신다.
우리 어디 한두 해 산다던가?
자자손손 수억만 대 살 터 아닌가?
지금도
늦지 않았다 털고 없애고 허물어
다시 세워야한다.

한 치 건너 두 치

휘영청 가을밤에 울 밖 담 넘어
무엇인가 툭 하고 떨어지는 소리
누렇게 다 익은 큰 호박 하나
힘에 부쳐 떨어지는 소리인가 하였더니
내 마음 화들짝 놀라
명치 아래로 툭하고 떨어지는
자책의 소리이어라
이 말 저 말 많고 많은 말
방송매체나 신문지상에 오르내리는
돈 먹고 건설공사 하도록 해주고
돈 먹고 승진시키고
여직원에게 집 사 주고
정치인 관료 등등 보면서
판단하고 심판하고 단죄하는
핏대를 세우고 빽빽 소리치는
너와 나의 말하는 폼이 모두가
지고지순(至高至純)하고 청렴결백(淸廉潔白)한
우국충정(憂國忠情)에 가슴 불타는
때 묻음이 하나 없는 완벽한 이 같다.
그러나 그 자리에 있으면 나는 어쩔 것 같나?

말은 그러하나 사회 전체가 병들었으니
나도 별반 차이가 없을 것 같다.
한 치 건너 두 치랄까?
시세 말로 하면 너나 잘 하세요.
똥 묻은 개가 겨 묻은 개 흉보는 격이다.
나에게는 관대하고 남에게 엄격한 우리들 모습
아이고 부끄러워라.
선진국 가는 길
그 나라 국민 모두가 얼마나 정직하냐에 달린 것
여기저기 터져 나오는 온갖 비리
그러니 선진국으로 가는 한국(韓國)
아직은 한창 멀었나 보다.

하늘 우러러

일찍 오셨군요.
예! 자주 뵙습니다. 저 먼저 가겠습니다.
매일 아침 산길 초입에서 만난 그 어르신
어제도 아니 보이시고
오늘도 만날 수 없으니
내일은 뵈올 수 있을까?
이럴 줄 알았다면
어디 사시는 뉘신지는 알아둘걸
노인들 건강
내일을 알 수 없다 하더니
혹 불길한 생각이 머리를 든다.
웬 이런 방정맞은 생각을
내일은
어느 누구도 세월가면 피할 수 없는
골 깊은 흔적 가득한 얼굴이지만
만면에 웃음 띠우시고 묻지 않아도
내 아들집 대엿새 다녀왔지
하시면서 아는 체하실 게야.
기도는 마음에서 우러나는 것

숲속 산새 소리에 실어
열린 푸른 하늘을 향해
내 마음을 실어 보낸다.

물같이 살고 싶소

비 온 뒤 산중턱
흐르는 물소리 졸졸
내 귀에 소곤소곤
나 내려가 길 비켜 한다.
높다 싶으면 휘둘러가고
막았다 하면 넘쳐나고
높은 자리는 싫다며 낮은 곳으로만 간다.
앞서가면 따라가고 반항하면 정복하고
항복하면 감싸 안는다.
가는 길
불평 없고 불편 없다.
앉아서 보는 나
물만 같아도 좋을 듯하오
물같이 살고 싶소.

옥탑 그리고 반 지하방

낮은 곳에서 높은 곳으로까지
더 내려갈 수 없는 바닥에서
하늘을 향해 열린 곳까지
도시에 혼재(混在)하는 사는 몰골
비슷한 시원찮은 값
삶의 한 공간이다.
낮은 곳에는
세월을 놓친 희망 잃은 이들이 리어카를 끌며
값나가지 않는 종이나 고철에 목을 매달고
높은 곳은
혈혈단신 젊은이가 반듯이 누워 희망의 끈으로
하늘의 별을 따려한다.

답답하다

어디를 가나 뾰족탑(十)도 만(卍)자도 많다.
몇 가구 살지도 않는
산골 마을에도 좁은 들 촌에도
하느님 말씀 부처님 말씀
오늘도 울려 퍼진다.
세월 흐르면 갈 것 가고 올 것 오는데
꼭 가 없어져야 할 거짓은 난무하고
꼭 와야 할 정직은 가뭄에 콩 나듯
드문드문 보인다.
쇠고기 하나로 연일 데모다 촛불 집회다 한다 해도
없어져야 할 거짓이 여기저기 우후죽순 자라나고
한국사회란 밭에 무성히 자라야 할 정직
손가락으로 셀 정도라면
선진국으로 가는 길
아직은 한참이나 멀었나 보다.

누가 알까마는

하반신에 걸친 풀기 하나 없는
야들야들한 천 조각
뜻하지 않은 바람 한 번에 아슬아슬하다.
무시 같은 허연 다리는
시장 난전에 내놓은 싸구려 물건 같이 하도 많아
값없어진 지 오래이니 말초신경 건드리는 일 없고
짧아진 치마 끝에 숨겨지지 않은 함지박 같은 둔부는
보면 성희롱 안 보면 성 무시
거 참 안 볼 수도 없고
성인군자 같은 젊은이라 하더라도
왼쪽 호주머니 아래 두 손가락에 제압당한
불끈 성난 놈 창피할 것 없지만
누가 알까마는
한가한 낮 시간 지하철 안
앉을 자리 있으니 그나마 다행이다.

시대의 영웅 어디 없나요

화창한 봄날 그늘진 곳
아직도 피우지 못한 가지 끝 앙증맞은 새순에
빗방울이 달랑 떨어질 듯 매달려 위태롭다.
조금 전까지 하늘 가운데 그 많던 구름들은
더 넓은 하늘 어느 곳에 숨었는지
몇 조각 외톨이 구름만이 서쪽 산을 넘는다.
긴 가뭄에 봄 햇살은 눈이 부시다 못해
짜증이 날 정도로 따갑다.
뒤엉켜버린 계절은 정도가 없어져 버린 요즈음
시류(時流)같이 먼저도 나중도 없어져 버렸다.
어제는 옷깃을 여미게 하더니
이 5월의 봄도 엉거주춤하는 사이
어느 약삭빠른 사기꾼이 계절마저 잽싸게 낚아채 버렸는지
오늘은 또 걸쳤던 것을 홀랑 벗겨 버린다.
내일은 또 어떨지 종잡을 수가 없다.
사는 사람들 모양새가 뒤죽박죽이니
자연도 사람을 닮아 가는가?
잘 만들었다는 것이
삐딱빼딱, 꼬불꾸불, 울퉁불퉁
왔다갔다, 들쭉날쭉, 지그재그

벌건 대낮에 확성기로 입에 담지 못할 욕설이 난무하고
북쪽은 핵이다 미사일이다 미쳐있고
남쪽은 돈 때문에 부정부패 때문에 썩어 문드러진다.
이 민족의 앞날 어떨 것 같은가?
사는 사람들이 만든 게 기준이니
좋든 싫든 그대로 갈 것이니 정말 걱정이다.
이럴 때 정신이 번쩍 확 바뀌도록 할 수 있는
시대의 영웅 어디 없나요?

죄와 벌

산짐승은 아무리 다녀도
길이 되지 않는 산길이
사람들이 건강에 좋다며 한껏 다리에 힘주며
아침저녁 오르내리면서 용선 것이
움푹움푹 패인 산길이 되었다.
그 산길이 비가 오면 물길이 되고
그 물길이 집중 호우 시 넘쳐 목숨 앗는다.
가까이 산다는 것이 죄이며
좋다면 오르내리는 것이
만신창(滿身瘡)이고 벌(罰)이다.

물소리

깊은 산골
옹달샘에서 흐르는
물소리도 졸졸졸

이집 저집 싱크대에서 씻다버린 물
도회 하수구로 흐르는
물소리도 졸졸졸

들리는 소리는 같다만
둘 모습 그렇게도 다를 수 있는가?

비교치 말라
견주지 말라
누군 하고 싶어 하는가?
이래도
나는 너희들의 수호천사
네 싫다 아니하면 내라도 해야지.

인생

똑딱 똑딱 시계바늘이 소리 내며 움직이고
낮과 밤으로 돌아가는 그것의 의미이다.
똑딱은 무수한 점점의 연속
무수한 점 중 똑은 있으나 딱 없을 때
또 다른 시작을 위한 끝을 말한다.
모든 사람은 그것을 마지막이라 한다.
들이쉬는 숨이 똑 이라면
내쉬는 숨은 딱 이다.
목숨도 똑은 있으나 딱 없을 때 숨을 거둔다 한다.
똑은 있으나 딱은 없어도 끝은 아니다.
똑 뒤에 끊어진 딱은 영원을 향한 똑딱인다.
보이는 것은 사라지고
보이지 않는 것
한정된 공간을 뛰어넘어
시간이 멈추는 그날까지 똑딱인다.
똑딱 똑딱 똑딱 똑딱
나도 영원을 향해 가고 있다.
뿌연 안개 낀 아침
구분되지 않은 한 사물의 모습이
그 뒤에 있는 것처럼

후회

하는 일 힘들다고 아니할 수 없고
가는 길 멀다고 아니 갈 수 없다.
해야 할 일이라면 마다 말 것이며
가야 할 길이라면 주저 말 것이다.
세월 흘러 저물 적 어느 날
서산의 지는 해 바라보며 지난 날 후회한들 무슨 소용 있을까?
해도 아니 해도 다 후회라면
하고 후회함이
한 번 가면 다시 올 수 없는 이 인생길에
한이나 덜할 것을

아소산(阿蘇山, あそさん)

지진으로 잃은 것을 온천으로 되돌려 받는 나라
쭉쭉 뻗은 산의 나무들
유독 삼나무도 많고 대나무도 보인다.
금세기까지 불을 뿜어내는 활화산 아소산
찾아가는 좁은 산길
멀리서 보면 누런 황토 흙이 보이지 않도록
길을 넓히지 않는다는 안내인의 설명은
또 다른 일본을 만난다.
좁은 길 아슬아슬하지만 교통규칙 잘 지키는 그들
안심하여도 좋을 듯싶다.
1500m 변화무쌍한 아소산
가는 길에도 하늘이 보이는가 싶더니
구름인지 안개인지 깜깜하다.
곧 비가 오려니 했었는데 밝은 해가 얼굴을 드러낸다.
천의 얼굴을 한다.
아소산 가는 길
꽤 시간이 지나도 지루하지 않은 것은
예전에 착한 일본인은 내 밴도 니까무라상 이지만
요즘 착한 일본인은
내 마누라 니하라상 이라는 잠깐 우스갯소리가

백미이기 때문이기도 하다.
나무는 세월 흐르면 웅장하고 볼품 있으나
사람은 아무리 잘 늙어도 추한 것을
햇빛 물 공기로 사는 식물과 달리
생명을 앗아 먹고 살아가는 방법의 차이 때문일까?
쇠고기 와규로 유명한 올라가는 길
목장 황소도 검은 소도 말도 여기저기 보인다.
작지만 큰 일본의 목장을 본다.
아소산 분화구는
하늘의 뜻이 있어야 대면하기를 허락한다는데
오늘 길은 반허락을 받은 듯 괜찮은 산길이
막상 분화구 앞에 당도하니 접근을 허락하지 않는다.
먼발치에서 구경만 하다 발길 돌린다.
마구 파헤치며 개발하지 않는다는 일본
깨끗하고 질서 있고 정직하다는 일본
돈 들여가면서 먼 길 찾아와서 배운다.
잠깐 대면에 작은 듯 크고 좁은 듯 넓고 적은 듯 많다.
어쨌거나 심지 굳은 사람들이 똘똘 뭉쳐 살아가는 나라
일본을 본다.

무지개

저 먼 기억 저편의 어릴 적 그 여름날
한줄기 소나기 퍼붓고 난 후
동쪽 하늘에도 서쪽 하늘에도 자주 나타나는
아름다운 일곱 빛깔의 무지개
가끔은 쌍무지개
요즈음에는 통 나타나지 않는다.
다들 오염 탓이라고 한다.
인간은 황금만능으로 부패(腐敗) 되었고
자연은 인간으로 인하여 더러워(汚染)졌다.
자기들이 지고 가야 할 십자가를
도시의 수없이 많은 뾰족탑 위에 겉치레로 걸쳐 놓았다.
믿는다는 것이
요식(要式)이요 방편(方便)이며 가식(假飾)이니
하느님 수고롭게 구약의 그 약속 무지개
만들 필요 없잖은가?

말 아닌 행동

가난한 이웃과 함께 할 수 있는 마음가짐은
하늘에 보화를 쌓을 수 있는 기초이다.
내 가진 것 나누어 주고
모자라면 내 육신의 수고 마다 않을 때
하늘에 내 보화 쌓는다.
수없이 많은 기도보다
가난한 이웃에 대한 실제적인 보살핌은
자신을 위한 구원의 길
말로만 찾으시는 하느님은
빛 좋은 개살구
행동으로 섬기는 하느님은
풍성한 가을의 알알이 새까만 포도송이
가난한 이웃을 내 몸같이
사랑하라는 뜻은
말이 아닌 행동의 의미다.

친절과 겸손

눈높이가 다른 사람들 간의 만남에는
소통을 가로막는
알지 못하는 벽이 존재함을 느낀다.
벽 넘어 무엇이 있는지
키 큰 사람은 볼 수 있어 알 수 있지만
작은 사람은 발돋움하여도 볼 수 없는 불편함은
조그마한 일에도 마음의 병을 만든다.
병은 누구에게나 있고
벽은 어디에나 있다.
만드는 것 허무는 것 모두가 다 사람이 하는 짓에 달려있다.
어떤 공동체이든 많은 것을 가졌고
많이 배운 사람들의 마음에서 우러나는 친절과 겸손은
벽을 허물고 마음의 병을 낫게 할 수 있다.

바람과 비

나무 가지 위에서
바람이
개구쟁이 아이들 마냥 이리저리
어지럽게 놀다간 뒤에는
여기저기 떨어진 나뭇잎이 흔적으로 남고
검은 구름이 방어벽 두터운 요새(要塞)같이
완벽하게 점령한 고요한 하늘에서는
오케스트라 음률 같은
맛깔스런 비가 조용히 가슴을 쓸어내리며
푸석푸석 마른땅
이곳저곳을 촉촉이 적신다.

봄이 오는 소리

살랑살랑 바람이 앙상한 나무들을 집적입니다.
깨어나라며 지나가던 구름 사이로 햇빛은
내려와 따듯이 감싸줍니다.
남쪽 하늘에 물을 머금은 검은 구름이 몰려와
온 들에 비를 뿌립니다.
귀를 가져가세요.
쏴– 물오르는 소리 들립니다.
새들도 덩달아 봄이 왔다며
짹짹 아름다운 노래를 들려주며
이 나무에서 저 나무로 분주히 날아다닙니다.
어떤 놈은
또 다른 생명의 탄생을 위한다며
뒤꽁무니만을 쫓아갑니다.
살아있는 모든 생물은 활기 넘칩니다.

쭉정이

인생이란 너나 할 것 없이
한 번 가면 다시 올 수 없는 길임을 알면서도
어떻게 사느냐에 따라
어떤 이는
가을 들판에 고개 숙여도 굵은 벼 이삭이 되어있고
또 어떤 이는
잘났다며 고개 빳빳이 쳐들어도
가벼운 미풍에도 흔들리는 쭉정이로 서 있다.

초등학교 시절

우리들의 교실 창문 밖에 서 있는 보기 좋은 교목 향나무
여름철 타는 햇빛을 잠깐 막기도 했었지
넓은 운동장 팔딱팔딱 햇병아리 같이
여린 가슴으로 뛰어다녔죠.
여물지 못한 과일마냥 확실하지는 않지만
살포시 나만의 꿈을 가졌던 초등학교 시절
굶는 날이 먹는 날보다 많았던 그때를 아시나요?
장난감 하나 없던
산과 들이 놀이터요
구슬이나 잡기장 접은 딱지
참나무로 깎아 만든 팽이
유일한 놀이도구였지요.
넓은 운동장에서 고무줄놀이를 즐기는
여학생들의 그 고무줄을 귀찮게도 끊으려했던
개구쟁이들도 이제는 세월 앞에 무릎 꿇고
하늘보다 땅이 더 좋은지 땅을 물고 다니는 친구도 더러 있습니다.
어쩌거나 가는 세월이 아까워
세월아! 내 이놈 게 섰거라!
힘차게 고함치면서 허리를 쫙 펴본다.

헛것

네 녀석이나 시집장가 보내면서 청첩해
부조 받아먹고
한번 연락에도 입 닦는 동기생
이 자는 사기꾼일까 철면피일까
많이 낳았으니 얼굴 두꺼워야 살지
살려니 이런 짓 예사로 한다.
어쩔 것인가 경찰에 고발할 수도 없고
그만 봐 주라
봐 주고 싶긴 한데 한심해서 그런다.
돈도 있는데 인간 구실 못하니 그러지
그러고도 어딜 매일 나가서 열심히 기도드린다
그 기도 들어주시면 그분도 알 만하다.
그러니 행동 따르지 않는 기도
암만 한다 해도 다 헛것이다.

Part 02 수필

쌈짓돈이나 축내지만

누가 과연 진정 나라를 사랑하는 애국자이며 이 하늘에 머리를 두고 살아갈 사람인가요? 좋은 대학을 나오고 공부도 잘하여 고시에 합격하여 출세 가도를 달려온 인성이 결핍된 성공한 사람과 초등학교도 졸업하지 못했지만 온갖 삶의 현장에서 온몸으로 부딪치면서 두 아들과 함께 척박한 삶의 현장에서도 반듯하게 살아오신 청상과부의 삶.

누구는 떴다 하면 보따리 싸들고 외국으로 냅다 뛸 사람도 많지만 아무리 어려워도 이 땅에 뼈를 묻을 사람, 선한 부모 슬하에서 자란 아이들이 선한 아들딸로 성장하고 현명한 아버지 어머니를 부모로 둔 아이들은 그들을 본받아 자식도 현명한 사회인이 됩니다.

사람은 머리가 좋고 많이 배워 지식이 많다고 선하고 현명해지는 것이 아닙니다. 사람은 태어나면서 어떤 사람은 선한 사람으로 또 어떤 사람은 악한 사람으로 태어난다는 두 개의 학설이 존재합니다(즉 성선설(性善說)과 성악설(性惡說) 2가지 다른 정반대의 학설)만 분명한 것은 자라는 과정에서 보고 듣고 배워 얻어지는 것이 사람 됨됨이를 결정하는데 거의 절대적이라는 사실입니다. 그러니 어떤 부모 밑에서 또 어떤 환경에서 자라느냐 하는 것이 사람의 일생을 좌우한다 해야 할 것입니다. 즉 가정교육의 중요성은 몇 번을 강조해도 지나치지 않다 해야 할 것입니다.

물론 모든 사람이 천편일률적(千篇一律的)으로 다 같다는 얘기는 아닙니다. 학교 교육 사회 교육, 보고 듣고 느끼는 것 친구와의 관계 이성 교제 등 여러 가지 무수히 많은 변화 요인으로 인하여 좋은 사람으로 나쁜 사람으로 바뀌기도 하는 것이기 때문입니다.

깡패 아버지를 두었다고 해서 다 깡패가 되는 것은 아닐 것이며 도둑의 자녀가 다 도둑이 되는 것은 아닐 것입니다. 우리는 현재 우리 사회에서 일어나고 있는 일련의 현실을 보면서 가슴 답답함을 토로하지 않을 수 없습니다. 한 가족의 예를 들어본다면 아버지는 우리나라에서 제일 좋은 대학을 나오시고 고시에 합격하시고 탄탄대로 공직 생활을 하시고 이재(理財)에 밝아 합법 비합법적인 것 가리지 않고 돈을 모아 아주 떵떵거리며 잘 사는 집안을 봅니다. 무엇 하나도 어떤 한 곳도 빈틈이 없습니다. 모르는 사람들이 보기에 정말 존경받을 만한 집안입니다만 안을 들여다보면 그렇지 않습니다. 자식도 아버지를 닮아 머리도 좋아 2대가 똑같은 학교의 선후배 사이이며 고시(考試)도 선후배 사이로 다들 부러워하는 가정입니다. 아들은 아버지보다 합법적 비합법적인 그 어떤 것에도 보다 한 수 위라 더 악랄(惡辣)하고 더 교묘한 술수는 아버지도 혀를 내두를 정도였습니다. 자라면서 알게 모르게 돈을 끌어모으는 고급 기술을 아버지로부터 배웠다 해야 옳을 것입니다. 아버지와 함께 살면서 나쁜 것도 배우고 좋은 것도 배운 것이 자기도 모르는 가운데 몸에 밴 부모를 따라 하는 습관은 어쩌면 전수(傳授)의 효과가 배가된 결과라 해야 할 것입니다(아이들은 자기 부모가 잘 사는지 못 사는지 참으로 사는지 거짓으로 사는지 모르는 것 같아도 다 압니다.)

그러다 보니 머리도 좋고 많이 배우고 많이 아는 것이 도리어 국가에 해가 되며 많은 국민의 세금이 한 사람의 호주머니 속으로 들어가는 결과를 낳았다 해야 할 것입니다.

아닌 이야기로 못 배운 무식한 도둑은 지나가는 행인의 쌈짓돈 부스러기나 축내지만 많이 배우고 많이 아는 도둑은 아주 나라를 절단 내고 마는 망국 정상 모리배(亡國 政商 謀利輩)가 되는 것입니다. 지금 여의도에서 일하고 계시는 분들 중 꼭 집어 당신 아니요 하면 나는 아니요 저 사람에게 물어보시오 라고 하는 어느 성경 구절 같은 말을 할 수 있을까요?

구(舊)한말(韓末) 이완용 등 망국 오(五)적인 그들은 많이 배우지 않아서 또 아는 것이 모자라서 나라를 일본에 팔아먹은 것은 아닌지요? 돈에 작위(爵位)에 자신과 일가의 영달만을 바라는 현명하지 못한 판단에서 비롯된 것으로 천추(千秋)에 욕을 먹는 매국노(賣國奴)로 자리매김한 것 아닙니까?

자라나는 아이들에게 지식을 주입시키는 것도 중요하지만 집에서 사회에서 살아가면서 부모로부터 선생님으로부터 사회 곳곳에서 만나는 사람들로부터 선한 행동 바른 마음가짐

즉 몸에서 우러나오는 학습효과는 두말할 필요가 없을 것입니다. 바꿔 말하면 나라 전체 즉 민도(民度)가 정직한 국민이 대다수라면 걱정하지 않아도 되는 것입니다만 현실은 우선 보기에 나쁜 사람들이 떵떵거리며 더 잘 사는 것 같아 가슴 답답함을 느끼지 않을 수 없습니다.

지금 매스컴도 나쁜 것 못하는 것 잘못된 것을 특집이니 특종이니 하면서 패널(panel)들을 모시고 연일 입방아를 찧어 됩니다. 국민의 알 권리의 충족이라 얘기하지만 나쁜 것 많이 알아서 좋을 것 없고 또 그것도 몇 날 몇 달 계속하면 스트레스만 더 쌓일 뿐입니다. 그러지 말고 밝고 맑고 아름답고 잘하고 좋은 훌륭한 일들을 특종이니 특집이니 하면서 보도하면 좋을 것입니다.

사회 곳곳에서 활동하고 있는 많이 배우고 많이 아는 잘난 사람들의 부패(腐敗) 지수가 나라의 운명을 좌우(左右)지 할 수 있음을 말하고 싶습니다.

머리는 좋은데 삐딱하면, 바르지 못한 인성을 가졌다면 사고를 쳐도 아주 큰 사고를 치니 말입니다. 돈을 축내는데도 몇 십조 억하면서 천문학적인 숫자로 사고를 칩니다. 좋은 대학 나오고 많이 배운 것이 도리어 나라에 큰 해악을 끼치는 것입니다.

어느 친구의 모친 이야기를 하려 합니다.

1920년생으로 3년 전 91세를 일기로 하느님 나라로 가셨습니다. 일제 강압기에 태어나서 해방과 분단 그리고 일제가 남긴 유산인 6.25 동족상잔의 비극 등 어찌 보면 가장 처절한 아픔을 겪는 세대의 한 사람이었습니다. 많이 배운 것도 아니고 무엇 하나 뚜렷하게 해 놓으신 것도 아니지만 이 어머님이야말로 현재 우리나라를 있게 하신 우리들의 영웅이 아닐까 생각해 봅니다. 20세 꽃다운 나이에 시집을 가서 아들 둘을 두었습니다만 명 탓으로만 돌리기에 너무 가엾은 일로 일찍 남편을 여의고 아녀자로서 두 아들과 함께 농촌에서 초근목피(草根木皮)로 연명하던 시절이었습니다. 하도 농촌 살림이 어려워 둘째 아들이 초등학교를 졸업하자 두 아들을 이끌고 도시로 나오시어 그야말로 맨몸으로 도회란 괴물 앞에 내던져서 살아오셨습니다.

도회란 아녀자가 살기에는 너무 험한 곳입니다. 더욱 꽃다운 나이 20 초반의 청상과부의 몸으로 해보지 않은 일이 없었습니다. 공사장 일 공장 일 식당일 남의 집 허드렛일 닥치는 대로 했습니다. 젊은 나이에 청상의 몸 얼마나 많은 유혹이 없지 않았을 것입니다만 한 뼘 흐트러짐 없이 사시었습니다.

우리 어머니

다리도 짧고 그러다 보니 키도 작은
우리 어머니
학교 앞도 못 가셔서 배운 것 없어 글도 짧은
우리 어머니
다 어려운 그때 더 어려웠던 우리 집
손바닥만 한 부칠 논도 없는 농촌이 싫어
집은 고사하고 방 한 칸 없는 도회지만
어머니 짧은 다리로 가솔 이끌고 제 발로 걸어 나와
다닥다닥 산비탈 쪽방에 몸을 밀어 넣어 살았다.
옆을 보면 좁고 또 옆을 보면 더 좁은 곳
저 멀리 아래를 보고
고개를 들고 위를 보면
더 크고 더 넓고 집들도 많고 별도 수없이 많은
손으로 잡을 수 없어도
발로 들어갈 수 없어도
마음에 담을 수 있는 좋은 것들
짧고 작은 우리 어머니
없고 모자란 우리 어머니

어떻게 아시어 이렇게 크고 높고 빛나고 열린 마음을 갖도록 하셨을까

늘 우리들은 높고 크고 웅장한 아래를 보고

수없이 반짝이는 하늘을 보고

우주를 가슴으로 품고 마음에 담고 살았다.

그렇게 자라나는 아이 둘을 공장에 넣었습니다. 어린 나이지만 우선은 건강한 몸이라 무리 없이 공장일에 적응할 수 있었습니다. 아무리 힘들고 어려워도 세월은 흘러갔습니다. 세 모자가 이렇게 알뜰하게 살아가는 만큼 어느 정도 생활이 나아졌습니다. 조금은 기반이 잡혔습니다. 그러다 보니 또 세월은 흘러갔습니다. 두 아들을 장가보내고 며느리도 맞이했습니다.

어느 집이고 할 것 없이 원래 가난한 집 형제는 우애가 살뜰합니다. 무엇을 많이 가지겠다며 다투어 본 일 없으니까요. 더욱이 청상과부의 몸으로 자기 몸을 돌보지 않고 두 아들을 위하여 헌신(獻身)하신 어머님의 사랑을 보고 자란 형제들이라 더 말할 나위 있겠습니까? 어디서나 둘이서 다녀도 하나가 다니는 것과 같이 말썽 한 번 피우는 일이 없었습

니다. 아이 둘이 심성이 고와서 그러기도 합니다만 어머니의 고생하시며 살아온 삶의 모습을 본 두 아들이기에 몸으로 실천하신 어머님의 삶 하나하나는 교훈이며 가르침이며 훈련이었다고 해야 할 것입니다.

작은 아이가 다니던 회사를 그만두고 자기가 다니던 공장의 일감을 받아 베를 짜는 조그마한 직물공장을 차렸습니다. 어머님께 의논할 때도 어머니는 말리지 않았습니다. 맨주먹으로 살아온 삶은 잃을 것이 없다는 이유도 있었지만 그보다는 아들을 믿었습니다.

잘할 수 있을 것이라고 정말이지 맨주먹으로 시작한 공장입니다만 일감은 원청회사에서 주니 걱정 없고 기술은 자기가 기술자로 있었기 때문에 열심히 일만 하면 되었습니다. 당시는 섬유경기가 좋은 호경기 시절이라 솔솔 재미가 났습니다. 호경기 시절 능력을 갖춘 사람이 경영을 하는 것이니까 잘되지 않을 사유가 없었던 것입니다.

원래 기술자로서 꼼꼼한 일솜씨며 여러 자질이 우수한 사람이란 평판이 나 있던 터라 일감은 남아돌 정도였으며 공장관리는 곧 품질관리였습니다. 특히 기술자로서 자질뿐만 아니라 사람 됨됨이가 시원하여 다른 공장에서 스카우트 제의가 여러 번 있었습니다만 그 깐 돈 몇 푼에 팔려가기는 싫었습니다. 조그마한 것에 얽매이기보다는 큰(내 사업) 것을 위하여 돈으로도 살 수 없는 신뢰 신용 믿음 이것을 저축해 두자며 일찍 자기 사업에 마음을 두었던 것입니다. 그런 동생에 비해 형은 어릴 때부터 건강마저 좋은 편이 아니었습니다. 성장 과정에서 생활고에 시달리며 고생을 많이 하다 보니 더욱 아버지가 계시지 않은 가정에 가장 노릇까지 해야 한다는 강박관념은 자기도 모르는 사이에 건강을 나쁘게 했습니다. 새파란 나이에는 그런대로 잘 견디었습니다. 그러나 나이 40줄에 들어서는 병으로 자리보전 하는 경우가 잦았습니다. 둘째 아들은 호경기 속 원활한 공장경영으로 어느 정도 경제적으로 여유가 생겼습니다만 형은 여전히 어려웠습니다. 그래서 아들 둘이 서로 의논을 했습니다. 어머님을 둘째가 모시기로 결정을 하고 큰아들이 적당한 날 어머니의 심기를 헤아려서 말씀드리기로 약속을 했습니다. 아버님 기일에 둘째가 제수(祭需)를 장만하여 하루 전날 형 집으로 왔습니다.(어느 해 부터인가 제수는 둘째가 장만하는 것이 관례가 되었습니다) 동생이 제수를 형수에게 드리고 함께 앉은 자리에서 큰아들이 어머니에게 자초지종을 얘기합니다.

"어머니, 어머니도 아시다시피 저 사정이 이렇고 하니 앞으로 동생 집에 가 사시면 어머님도 좀 편하시고 저가 잘 모시지 못하는 마음 다소 덜어지지 않겠습니까?" 하면서 조심스럽게 말씀드렸습니다.

어머님이 하시는 말씀이 매우 언짢은 표정을 지으시며,

"여기가 내 집인데 나 보고 어디 가라 카노?"

"그라고 와 내가 여기 있으면 짐 되나?"

"큰아야 한 번 말해봐라."

어머니의 말씀하시는 톤이며 분위기가 심상치 않은 것입니다. 아차! 안될 일을 역정을 내실 것 뻔히 알면서도 괜한 말씀을 드렸다는 생각이 드는 것입니다.

"내가 여기 있어야 작은 아가 그래도 자주 찾아오고 이것저것 가져오라 해도 내가 있으니 명분도 있고 너희도 좀 도움이 안 되겠나?"

"아무리 형제간이라 해도 어미인 내가 있을 때 하고 없을 때 하고는 틀리는 기라. 내 말을 알겠제."

"작은아야, 안 그러나 말 좀 해봐라." 둘째에게 반문하는 것입니다. 이 판에 둘째인들 무슨 말씀을 드릴 수가 있겠습니까? 묵묵부답인 둘째를 보고 어머니는 쐐기를 박는 것입니다.

"앞으로 한 번만 더 그런 말 해봐라. 둘 다 그냥 두지 않을 기다."

어머님께서는 저희 둘이 내린 결정이 틀렸다고 일언지하에 거절하시는 것입니다.

"왜 내가 엄연히 장남이 있는데 둘째네 집으로 가느냐?"

"장남 집이 내 집이며 내 집을 두고 누구 집으로 가느냐?" 하는 것입니다. 고루하다 얘기하기에는 너무 확실한 신념이며 주장이며 요즘같이 서로 모시지 않으려는 형제간끼리 서로 부모의 등을 떠밀어 오가도 못하는 부모를 만드는 못난 자식들에 대해 확실히 선을 그어 주는 명분이 있는 판단이라 말해야 할 것 같습니다.

형제간에 어떤 문제도 일시에 잠재울 수 있는 명판결이라는 생각이 드는 것입니다. 맏이는 태어나는 것이 아니라 만들어지는 것임을 다시 한번 더 일깨워주는 것이었습니다.

내가 둘째 집에 가서 편한 만큼 큰집에 있어도 둘째 집에 있는 것과 꼭 같이 둘째는 행동하라는 것입니다. 그 말씀의 본뜻은 자기가 둘째로 옮기면 아무래도 큰집을 소홀(疏忽)하게 대한다는 생각이며 그러다 보면 발길 뜸해지고 형제끼리도 소원해진다는 이 말씀 또한 맞는 말씀 아닌가 생각이 듭니다.

그러니 다시 말씀드린다고 옮기실 어머님도 아니시고 그 후로는 다시는 옮기자는 얘기가 입에 오르내린 일 없었습니다. 세월이 흘렀습니다. 공장을 하는 둘째 아들은 아이들도 커 가고 집을 마련하여야 하겠는데 어머님을 모시고 있는 형이 셋집에서 구차하게 사시는데 자기부터 먼저 집을 마련하고 싶지 않았습니다. 아내와 의논을 했습니다. 내 생각은 여차여차하고 하니 얼마간 계획을 세워 형님 집부터 먼저 마련해 드리고 우리 집은 그 후에 마련하자고 의논을 하였더니 아내도 평소 당신 하시는 것을 보고 어머님이 계시는데 어떻게 우리 집부터 살 수 있겠느냐 생각했다면서 두말없이 동의를 해 주는 것입니다. 부창부수(夫唱婦隨) 이를 두고 한 말씀 또한 아니겠습니까? 둘째 아들은 형님 집을 먼저 사 드렸습니다. 어머님이 좋아하시는 그 모습, 어쩔 줄 몰라하며 눈물 흘리며 고마워하는 형수님의 어진 얼굴, 아무것도 알지 못하는 사촌 형제끼리 새로운 집에서 깔깔 새어 나온 웃음소리, 이는 천국이며 천국을 지상에서 맛본다 해야 할 것이다. 그 후 수년의 세월이 흘러 자기 집을 마련하여 이사를 했습니다.

동생이 이사하는 날에는 동생보다 형이 더 좋아하였고 형수가 더 기뻐했으며 조카들이 더 좋아한 것 당연한 일 아니겠습니까? 요즘 재벌가에서는 흔히 재산 문제로 형제간에 법적 다툼으로 오감이 끊어지고 평생 살아있는 동안에는 만나지 않는다는 신문 보도는 가족이면서도 가족이 아닌 집들이 너무 많은 것은 아닌지 생각이 듭니다. 돈이 유죄인지 가르치지 못한 돈 많은 부모가 유죄인지 알 길 없습니다만, 죽어 하늘나라에 가서 자기 아버지 어머니를 어떻게 만날 것인지 자못 궁금해지기도 합니다. 재벌가의 형제들은 형제들이 돈의 노예이며 돈에 짓눌려 살지만 앞에서 말씀드린 가난한 두 형제에게서 돈은 두 형제를 위한 노예이며 돈에 자유로운 돈을 쓸 줄 알고 부릴 줄 아는 훌륭한 사람들이라 판단합니다. 재벌가의 형제들은 돈을 위해서 존재하며 가난한 형제의 돈은 두 형제를 위해서 돈이 존재하는 것이기 때문입니다.

두 형제간의 어머니를 모시려는 아름다운 합의는 뜻을 이루진 못했습니다만 아름다운 약속만큼이나 아름다운 삶도 또 흘러갔습니다. 강산도 여러 번 바뀌었습니다. 청상의 어머님은 이젠 할머니가 되셨으며 손자들이 장가 갈 나이가 되었습니다. 가슴 조이며 시골을 떠나던 날이 엊그제 같은데 세월은 굽이굽이 돌아 이젠 백발이 나이를 말해 줍니다. 시장 난전에서 공사장 돌부리에 채이면서 남의 집 허드렛일을 하면서 온갖 설움과 한이 복받쳐 오릅니다만, 자신에 대한 그 어떤 가슴 아픈 일도 마음에 담아두지 않았습니다만, 그중에 가장 안타까운 일은 아버지 없는 자식이라 번번이 먹이지도 못했으며 입히지도 못했던 아들들이었습니다. 그런 와중에서도 어머니인 자기가 선생님 한번 찾아간 일 없었던 아니 학교 앞을 한번 가신 일 없던 둘째가 공부도 잘한 것은 두말할 것도 없거니와 바라지도 않았는데도 5학년 때 떡하니 전교 회장이 되어 어머니를 기쁘게 했던 일이 주마등처럼 지나갑니다.

조금은 편해지는 마음이 과거를 거슬러 올라가게 합니다. 원래 사람들은 바쁘고 고생할 때는 과거를 생각지 않으며 되돌아볼 짬도 가지지 못합니다만 조금은 평안해지고 여유가 있으면 생각이 나래가 되는 것입니다. 어머니는 혼자 생각을 합니다. 저 아들 둘을 위해서 내가 해야 할 일은 그 무엇도 그 어떤 것도 해야 하겠다고 명을 다하고 먼저 가신 지아비에게 했던 다짐이 지금에야 생각이 나는 것입니다.

너무 아등바등 바쁘게 또 뼈 빠지게 살아온 세월 앞에 일에 짓눌려 주위를 돌아볼 여유조차 갖지 못했던 마음 허둥지둥 살아온 그 세월이 저만치 흘러가는 구름인 양 뒤돌아보지 않고 지금도 무정히 가고 있습니다. 나아진 살림만큼이나 아쉬웠던 지난날 후회의 한 토막, 아이 둘을 공부를 시켜야 했었는데 특히 둘째는 더더욱 공부를 시켰어야 했었는데 후회를 합니다.

해야 할 것 그 어떤 것을 하지 못한 아쉬움보다, 지나버린 시간 앞에 손 한번 쓸 수 없음이 안타까운 심정이라 해야 옳을 것입니다. 무엇이나 다 되돌려 놓을 수 있지만 가는 세월 가는 시간만큼은 어찌할 수 없음이 뼈저린 후회로 다가왔습니다. 시기를 놓친 아이들의 배움의 길을 생각하면 어머니로서 가슴이 미어지는 것입니다. 지금 이런 생각도 나아진 삶에 대한 사치인가? 그때는 이것저것 생각할 여유도 없이 살기 바빴는데 조금은 여유로운 삶을 즐길 사이도 없이 또 한번의 가슴 아픈 일이 어머니의 마음을 후벼 파는 것입니다. 어릴 때부터 병약하던 큰아들이 50을 겨우 넘기고 하느님 나라로 저희 아버지 찾아 훌쩍 떠난 것입니다. 불효 중에 가장 큰 불효가 부모보다 먼저 가는 것입니다. 그 길은 길이 아닌 길인 줄 뻔히 알면서도 가지 않을 수 없는 그 길을 가는 큰아들의 상했을 마음을 어머니는 헤아려 봅니다.

큰아들의 장례를 치르고 난 후 일이었습니다. 대소가 여러 어른들이 모인 자리에서 또 한 번 어머님을 어디에서 누가 모실 것인가 의논이 있었습니다. 대소가 어른들은 한 입이 되어 장남이 가고 없는 마당에 신랑 없는 시어머니를 어느 며느리가 모시려 하겠느냐며 여기 계시는 것보다 당연히 아들인 둘째가 어머니를 모셔야 한다고 의논을 한 것입니다. 대소가 아재며 형들이 입을 모아 어머니에게 말씀드렸습니다. 둘째네 집으로 거처를 옮기시라고 이렇게 말씀드렸더니 어머니께서 누가 되지도 않는 이런 엉터리 의논을 했느냐며 역정이 대단하셨습니다.

“누가 이따위 의논을 했느냐?”

“그라면 나는 이젠 큰아들이 죽고 없으니 이 애들(손자)을 다 버리라는 말인가?” 반문하는 것입니다.

“여기가 내 집인데 내 집을 두고 어디 가라는 말인가?” 다시 한번 반문하는 것입니다. 그러시면서

“내가 둘째 집으로 옮길 것이 아니라 둘째가 저 집 같이 앞으로 자주 나를 보러 큰집으로 오면 되지 않느냐” 하는 것입니다.

“그래야만 이 야들도 좋고 자기도 좋을 것이다.”

“나를 한 번 보면 조카들도 또 한 번 보는 것이 아닌가 말이다.” 하시는 것입니다. 이 얼마나 분명하고 앞을 내다보시는 판단입니까? 여유가 있는 작은 아버지로 하여금 조카들을 돌볼 수 있도록 무언의 압력을 행사하신 것은 아닐까요? 많이 배우시지는 않았지만 언제나 현명하신 판단, 무엇을 요구하시더라도 당당하신 그 모습은 본인 자신의 삶이 그만큼 올바르고 떳떳하고 당당했기 때문이 아닐까요?

지난 세월 바쁜 생활 속에서 잠깐잠깐 계획 없이 뵈옵는 자리에서지만 자그마하시지만 꼿꼿하시고 꼬장꼬장하신 모습을 그려봅니다. 그 어떤 것에도 비굴하지 않으셨고 당당하셨던 분, 그 어떤 많이 배우신 분보다 그 어떤 훌륭한 일을 하

신 분보다 더 잘 사셨던 분, 지금의 대한민국은 이와 같으신 노익장이신 할머니가 계셨기 때문이다 찬사를 드리며 하늘나라에서 평안하시길 기도드립니다.

하는 짓이 영 얼라(어린아이) 같다

인간의 그늘진 구석은 알고 보면 그의 본인의 잘못이다.(불가항력적인 요소도 없지 않지만) 빈둥빈둥 놀기만 하고 무엇 때문에, 누구 탓에, 자기는 해보지도 않으면서 부정적 사고에 젖어 아무것도 하지 않는 사람들이다.

대학을 나왔다는 이유 하나만으로 내가 어떻게 그런 일을 해 하면서 어려운 일 더러운 일 하찮은 일(하찮은 일은 없는 법)은 마다하고 광내고 폼 나는 일만 하려드니 그래서 그러한 일은 하는 사람이 없으니 마지못해 외국에서 노동자를 모집해 오는 것 아닐까?

세상에 존재하는 일은 어떠한 일이든 해야 하는 것이다. 왜냐하면 하지 않으면 세상이 돌아가지 않으니 말이다. 직업에 귀천이 없다는 말 이를 두고 하는 말이지만 우리의 현실에는 귀천이 분명 있는 것을 부정할 수 없다. 이러한 귀천을 부숴버리기 위해서도 제도의 뒷받침이 필요한 법이며 이러한 일에 종사하는 것도 엄격히 말해서 봉사나 희생과 같은 범주에 포함함이 좋을 것이다.

남이 하지 않는 일, 싫어하는 일, 귀찮아하는 일, 힘이 아주 많이 드는 일들을 마다하지 않고 할 때 이도 봉사나 희생과 무엇이 다른가?

(이러한 일들을 찾아내어 이 일에 종사하는 분들에게 인센티브를 사회적 한 비용으로 충당 또는 보조한다면 우리가 흔히 말하는 3D업종의 어려움의 상당 부분을 해결할 수 있다고 생각되며 구태여 외국 노동자에 더 많은 것을 기대하지 않아도 되지 않을까 생각된다.)

대학 나왔다는 그것 하나만으로 기피(忌避)되는 일자리를 조사해서 국가가 보조하는 방법도 괜찮은 일 아닐까? 일자리 창출 즉 없는 일자리를 만드는 것도 중요하겠지만 있는 일자리를 구태여 외국 노동자에게 주는 것도 그리 썩 좋은 방법은 아닐 것이다. 우리나라 젊은 청년이 싫다는 일자리를 싫지 않게 만드는 방법 정말 없을까? 중소기업지원, 3D업종 지원, 한번 생각해 봐요. 정말 없는지?

그곳에 종사하는 젊은이들이 긍지를 갖고 일할 수 없는(보는 눈들이 시답잖고, 미래가 보장되지 않는, 육체적으로 힘들고 때에 따라서는 병을 얻을 수 있는) 곳이라면 적어도 국가에서 그 부분을 채워주면 되지 않을까?

지금 외국 노동자가 근무하고 있는 실태를 파악하면은 금방 답을 얻을 수 있다고 생각된다. 만일 그러한 것이 어렵다면 대학 문을 활짝 열어놓았으니 줄이는 것도 문제이니 경제에만 출구 전략이 있는 것이 아니라 대학도 출구 전략으로 나오는 문을 좁게 만들어 그보다 공부하지 않으면 처음부터 학년을 올라갈 수 없도록 하여 일찌감치 졸업하기 어려운 대학생은 다른 길 가도록 유도하는 방법도 좋을 듯싶다.

바꿔 말하면 기능을 가지고 일할 수 있는 건설 현장도 좋고 중소기업도 좋고, 대학을 들어갈 때는 100명이라면 나올 때는 한 20명 30명으로 지금과 같이 들어갔다 하면 졸업하는(공부 잘하고 못하고 와는 전혀 졸업과 상관없는) 제도를 고쳐 올라가기도 어렵고 졸업하기는 더더욱 어려운 공부하지 않으면 졸업할 수 없는 제도를 만들 필요가 있다.

어중이떠중이 대학 나왔다는 것만으로 일할 수 있는 자리를 마다하여 인생의 낙오자로 살아가도록 하는 것보다 몇백 배는 나은(좋은) 일이다. 대학출신자가 필요한 일자리를 조사하여 원활한 수급이 되도록 관리하는 방법이 필요 없는 교육의 낭비를 줄일 수 있다고 본다. 사회 전반의 일자리를 직무별 소요 학력을 조사하여 데이터(data)화 하는 방법, 중.장.단기 인력 수급계획이라고 할까?

정치하시는 분들 이런 쪽에 공부 좀 하시어 대안도 만들고 거기에 맞는 법도 제정하여 적용해야 하거늘 진작 해야 할 일은 아니하고 빠금한 날 없이 싸움만 하니 국민의 눈에는 사류(四流) 아니 망류(亡流)라 비쳐도 억울한 일 전혀 아니지요.

한 번 더 얘기해 보자면 3D업종이나 중소기업에 대학 졸업한 젊은 일군들이 잘 가지 않으려는 이유를 조사하여 좋아할 수 있도록 만들 수 있는 방법 없을까요?(돈이나 또 다른 무엇으로 사회적 비용으로 충당하는 방법) 아니면 출구 전략이라도 세워 실력을 갖춘 학생만이 대학을 졸업할 수 있도록 하여 중도에 진로를 바꿔 달인이나 장인의 길 또한 있음을 알게 할 수도 있을 것입니다.

또 한 가지 더 얘기하려 합니다.

이 추운 겨울철 연일 최고의 추위라 하는 요즈음 연탄 한 장 없어 추운 방에서 사시나무 떨듯 떨고 있는 가족들에게는 연탄 한 장이 얼마나 고마운지 모른다. 쌀이 떨어진 가정에서는 그 무엇보다도 쌀 한 대박이 이 지구상의 무엇보다도 필요하며 귀한 것이다.

2010년, 60년 만에 찾아온 백호의 해라면서 연일 매스컴이 장밋빛 미래가 열린다며 속살거린다 해도 연일 최저 기온이 최고라는 이 추위 퍼붓는 이 눈 속에 이삼십 년 한 가족이라면서 일 실컷 시키고도 구조조정이라면서 경쟁력 제고라면서 내쫓아 갈길 잃은 우리들의 오육십 대 가장(家長)에게는 이 추위는 추위가 아니고 어쩌면 죽음일지 모른다.

그런데도 세종시 문제로 연일 싸움이다.

야당과 일부 정치인이 얘기하는 9부 2처가 안 옮기면 충청도민이 다 죽고 대한민국이 거덜 날 것이며 반대로 정부가 얘기하는 과학 문화 교육 도시가 안 되면 충청도민이 다 죽고 대한민국이 거덜 나나요?

이 뭐 보면 중용도 중지도 타협도 협상도 머리(하는 짓들 보니 대가리라 해야겠다) 맞대고 의논하는 모습은 전혀 보이지 않는다. 너 왼쪽으로 가면 나 오른쪽으로 간다. 너 산에 가면 나 바다에 간다. 바다에 가거든 빠져 죽든지 반대를 위한 반대만 한다. 그러고서도 국민의 이름으로라고 말한다.

야! 이놈의 새끼들 국민의 이름으로라는 말은 좀 빼라. 어느 국민이라 말인가? 임란 때 어렵게 이순신 장군과 많은 민초들이 구한 나라인데 그 후 300여 년 동안 하는 짓이 나라는 전혀 생각지 않고 자기 가문을 위하여 자기 당파를 위하여 티격태격 싸움질만 하다 왜놈들에게 나라 빼앗기지 않았소? 요즈음도 그때와 다름없이 똑같은 짓만 되풀이하고 있다. 국가가 거덜 날 일도 아닌 일 가지고 왈가왈부한다. 계속 이러다간 침략당한 그 왜놈들에게 다시 나라 빼앗기지 않으리라는 법 어디 있단 말이오. 지금 하는 짓들이 그때와 별반 차이가 없어 보이는 것이 필부인 나만의 생각일까?

그때는 그래도 국민은 어질고 순수했고 애국심도 나라 사랑하는 마음도 지금보다는 더 크고 많았는데 지금은 개인주의가 만연하니 이도 걱정거리가 아닐 수 없습니다. 더욱 지금은 동강 난 나라인데 마음도 노력도 지난날보다 모두가 다배로 해야 하거늘 그렇지 못하니 이중 삼중 걱정이 많음을 다 아셔야 할 것 같습니다. 하늘에 계신 아버지, 이 뾰족탑 많은 민족, 무엇을 어떻게 해야 하나요? 부처님, 이 만(卍)자 많은 민족 무엇을 어떻게 해야 하나요? 하늘에서 보시면 이 땅만큼 뾰족탑(?) 많고 만(卍)자 많은 나라 아마 이 지구상에는 없을 것입니다.

믿는다는 것이 요식(要式)이요 방편(方便)이며 가식(假飾)이니 그럴 법하지요. 이렇게 보시는 것 아니시라면 지금도 만나지 못하고 애태우며 울다 돌아가신 분들이 점점 더 늘어 얼마 지나지 않아 다 돌아가시고 한 사람도(세월에 장사 없다 하지 않습니까?) 남지 않을 것입니다. 지금도 늦었지만 더 늦기 전에 노구(老軀)를 이끌고 만날 수 있도록 통일의 큰 기쁨 함께 할 수 있도록 자비를 베푸소서. 정치하시는 분에게 기대할 수 없다면 하느님 부처님께라도 기도드려야 하지 않을까요? 그리고 국가 최고 지도자가 진정성을 가지고 얘기한다 하면 좀 들으시고 그러면 좋다 어떻게 하면 더 좋은 세종시를 만들 수 있을까? 머리 맞대고 의논하는 모습은 볼 수 없을까요?

다른 혁신 도시는 어떻게 해야 하나 또 머리 맞대고 의논하는 그러한 모습 말입니다. 하는 짓이 영 얼라보다도 못한 짓들을 하고 있다. 경부고속도로도 포항 종합제철소도 현대 조선소도 반대를 위한 반대에 밀렸다면 지금 대한민국 뭐 먹고 살 것인가요?

대한민국 국민 한 사람으로 하도 걱정이 되어 몇 자 적어봅니다. 하여튼 책임을 가지신 분들 여기저기 이말 저말에 끌려다니지 마시고 이 눈치 저 눈치 보지 마시고 나라 특히 경제를 위하여 최선을 다하시면 퇴장 때 많은 박수 받습니다.

보수가 파시스트가 아니라면

우리나라의 보수와 진보는 별반 차이가 없다고 봅니다. 왜냐하면 단일민족 동포 겨레라는 개념은 그렇게 많은 가치의 차이를 가져오게 하는 그 무엇도 없기 때문입니다.

반만년 역사 그 긴 세월 동안 하나 흐트러짐 없이 살아온 사람들이니만큼 다른 문명이 들어왔다고 해서 하루아침에 근본적인 생각 몸에 밴 습관 같은 것은 하루아침에 없어지는 가벼운 것들은 아니기 때문입니다. 우리나라 애국가를 한번 봅시다. 첫 소절이 동해물과 백두산이 마르고 닳도록 입니다. 이를 두고 진취적이지 못하다 가만히 앉아서 어찌 보면 아무것도 하지 않고 기다리기만 하는 수동적인 자세 발전을 전혀 기대할 수 없는 버려야 할 가사로 얘기합니다만 그렇지 않습니다.

어떻게 동해물이 마르고 저 높은 백두산이 언제 어떻게 닳아 없어진다는 말입니까? 이는 인내와 끈기를 우리나라 상징인 동해(애국가 동해물과 백두산이 마르고의 동해는 동해가 일본해가 아니라 한국의 바다라는 것을 오래전에부터 노래한 것이다)와 백두산을 예를 들어 강조한 것이며 동해가 마르고 백두산이 닳도록 이란 긴 시간을 말한 것입니다. 끈기 있게 노력하면서 그 결과를 기다릴 줄을 아는, 어떠한 어려움이라도 견디면서 최선을 다하면 능히 이루지 못할 그 무엇도 없다는 불굴의 의지를 천명한 의지의 한국인임을 잘 나타낸 뜻 있는 표현이라 해야 할 것입니다. 이러한 의미에서 보수(保守)란 개념도 우리 애국가와 잘 맞아 떨어지는 동일한 정신이다 라고 말씀드리고 싶습니다.

보수(保守)란 무엇입니까?

보수가 무엇이라고 얘기하기 전에 우리나라 사람들은 근본적으로 보수적인 성격을 가지고 태어났다 해야 할 것입니다. 옛날에는 대가족제도 하에서 태어날 때부터 자라면서 가부장적 환경, 엄한 가풍 속에서 혼을 불어넣는 훈육으로 성장한 사람들 아닙니까? 그러니 자연히 보수적일 수밖에 없지 않습니까?

이러기 때문에 예부터 우리들은 이러한 보수주의에 빠지기 쉬워 그것을 방지하기 위하여 또 하나의 교육으로 진취적인 정신을 불어넣고자 했던 것입니다. 그것이 옛것을 익히고 나아가서 새것을 받아들여 앞으로 나가는 즉 바로 온고지신(溫故知新)의 교육입니다.

이 말은 보수란 옛것을 움켜지고 한 발자국도 나가지 않으려는 태도가 아니라 옛것을 요리조리 따져 보고 분석하며 잘못된 것을 바로잡아 새로운 것으로 만들어 앞으로 나간다는 의미가 아닐까요? 조금은 늦더라도 시행착오는 하지 않는다. 이렇게 해석해도 그리 틀리지 않는 말일 것입니다. 어떻게 보면 이처럼 확실한 진보의 방법 발전의 방법은 이 세상 어디에도 아마 없을 것입니다.

옛날에 농사는 그의 전부 퇴비를 사용해 지었습니다. 퇴비가 무엇입니까? 사람과 짐승의 똥 아닙니까? 똥에다 이삭을 따 먹고 남은 짚(풀)과 풀을 서로 섞어 만든 것이 퇴비입니다. 자연의 이치도 지난 것을 이용하여 새로운 것을 만들듯 지금은 이 똥을 제대로 사용하지 않아 환경오염이다 뭐다 하며 또 다른 지구 파괴를 가져다주는 원인이 되고 있습니다.

지금 일어나고 있는 사회 전반의 일들은 보수는 무조건 앞으로 나가려는 것을 막는 꼴통이고 심통이며 진보는 앞으로 끝없이 나가려는 발전이요 진취이다. 그러니 보수는 악이고 진보는 선이다. 이렇게 얘기하는 것 같아요.

더욱 우리를 불안하게 하는 것은 보수도 진보도 구분 없이 정책을 만들 때 나랏돈을 자기 주머니 쌈짓돈 같이 여기저기 펑펑 쓰자 합니다. 재원(財源)의 마련을 생각지도 않고 말입니다. 지금 기성세대가 펼쳐 놓은 그 많은 은혜적 복지는 다음 세대가 짊어지고 가야 할 일어나기도 힘겨운 지게 위의 짐일 따름입니다. 더욱 지금 가임 연령에 있는 젊은이들은 자식 교육에 천문학적 교육비가 필요하니 자식을 하나 아니면 둘 어떤 부부는 아예 자식 낳기를 원하지 않는 부부도 있다 합니다. 더욱 결혼하기가 겁나는 젊은이는 결혼을 미루다 끝내는 결혼을 포기하는 젊은이들도 많다 하니 인구 감소는 불을 보듯 뻔하니 부양해야 할 노인은 늘고 일할 젊은 사람은 줄어드니 잃어버린 10년 일본을 닮아 가지 않을 수 없는 현실이 되고 맙니다. 하나 아니면 둘뿐인 여러분들의 아들딸들은 앞으로 어떻게 살라 말입니까?

더욱 재정적자에 신음하는 지금의 유럽 보고도 모르는 듯 똑같은 복지의 남발을 해야 하겠습니까? 일할 사람은 줄어들고 돈을 쓸 곳이 많다면 당연히 어려워지는 것 아닙니까?

십 년 이십 년 그리 긴 세월 아닙니다. 눈 깜짝할 사이 십 년 이십 년은 갑니다. 지금 오십은 육십일 때 지금 삼십은 사십일 때 왜 그랬을까 하면서 아픔을 함께 느낄 것이며 후회를 할 것입니다. 아들딸들 손자소녀들의 신음 소리를 지금도 뻔히 들리는 일 들을 표를 얻자고 마구 남발한다 말입니까? 나에게 돌아오는 복지 혜택이 조금 크다고 그들에게 표를 찍는다 말입니까?

그리고 정치하시는 분들 국민의 지지를 잃은 것이 여기저기 돈을 마구 퍼 주지 않아서 라고 생각하십니까? 안철수 교수가 자신은 정치한다는 말도 하지 않았는데 대선에서 잠재 후보 중 일등으로 나타나는 것 왜라고 생각하십니까? 정치하시는 분들 정치를 건성으로 사탕발림으로 임기응변으로 눈가림으로 더 심하게 말하면 철면피들이 거짓말을 밥 먹듯 정치하기 때문입니다. 언제나 인기도 측정에서 직업군 꼴찌인 정치인(어느 분은 4류라고 말씀합디다)들 부끄러운 줄 아세요.

다시 말하면 감동이 없는 정치를 하기 때문입니다. 청문회에서 질문하는 정치인 치고 자격 있는 사람 있습니까? 어제까지 감방 갔다 나온 사람들 여럿 있으니 말입니다. 아닌 이야기로 달린 돼지가 누운 돼지 나무라는 꼴 아닙니까?

안 교수는 지금까지 살아오면서 거짓말하지 않고 열심히 일만 하였으며 연구소를 만들어 백신을 개발하여도 그것을 자신의 이익만을 위하여 자기 업(業)의 발전만을 위한 수단으로만 사용하지 않고 약자를 위해 쓰도록 도와주었으며 연구소를 자기를 대신하여 운영하도록 하고 자신은 훌훌 털고 자기 계발을 위하여 홀연히 미국 유학길에 오른 그러한 모습이 감동을 주었기 때문입니다.

추운 겨울에 집 한 칸 없어 떨고 있는 가난한 이웃에게 진심으로 함께 추위를 걱정하며 따뜻한 방 한 칸이라도 마련해 드리려 해 보셨습니까? 배고픈 사람에게 배를 함께 굶어 가면서 한 끼의 식사를 걱정해 보셨습니까?

감동은 말에서 나오지 않습니다. 말보다 실천하는 데서 참뜻을 느끼게 되는 것입니다. 말로서는 온갖 좋은 것들을 다 주면서 실제는 아무것도 주지 않으면서 자기들은 온갖 좋은 것들을 가지면서 무엇 하나라도 나눔을 갖지 않는 그 이중성에 원인을 찾아야 합니다.

또 어떤 단체에 종사하는 사람들은 살아오면서 세금 한 푼 내본 적 없는 사람이 무슨 단체 무슨 연구소 무슨 보호소 무슨 환경단체 또 실천연대라는 이름으로 기업의 등을 치고 그 돈으로 자식은 군에도 보내지 않고 타도 대상으로 여기며 언제나 규탄의 대상인 그 싫다는 미국에 유학까지 시키느냐 말입니다. 그리고서 감 놔라 대추 놔라 하지는 않습니까? 말로써 주는 것은 참 쉽습니다. 말로 주는 것은 주고 또 주고 다

주어도 됩니다. 준다는 말보다 돈을 어떻게 만드느냐가 더 중요하니 그것을 잘 보아야 하겠습니다.

지금 이명박 정부도 마찬가지입니다.

감동이 없는 정치를 했기 때문에 특별하게 잘못한 것도 없는데 몰매를 맞고 있는 것입니다.

보십시다. 글로벌 시대 온 세계가 불경기에 경제난으로 신음하며 마이너스 성장을 합니다만 우리나라는 2010년에 6% 조금 더 2011년에 3% 조금 넘게 성장을 했지 않습니까? 이는 경제를 아는 대통령이 열심히 일하고 기업을 독려하여 수출을 더 많이 한 결과 아닐까 생각합니다. 수출로 먹고사는 우리나라가 삼 년 연속 흑자 행진을 계속하는 것도 잘한 일 아닙니까?

그러면서도 욕을 바가지로 얻어먹고 잘한 것이라고는 전혀 없는 아주 몹쓸 정부다, 말들을 하고 있습니다. 어느 분이 인사가 만사라 했는데 인사가 망사가 되어버렸기 때문이며 국민의 감정 따위는 상관 않고 끼리끼리 고소영이다 뭐다 개미 쳇바퀴 돌듯했기 때문입니다.

보수를 얘기하다 한참 다른 곳으로 나와 버렸습니다. 우리나라 보수는 옛것을 고집하여 한 발자국도 나가지 않는 것이 아니고 낡은 것은 버리고 새로운 것을 찾아 나가는 끊임없이 연구하고 개발하여 바꿔 가는 조금은 늦지만 한 발자국 한 발자국 앞으로 나가는 즉 온고지신(溫故知新) 이란 한자말로 대신합니다.

진보 역시 태어나서부터 길들여진 가부장적 가정환경과 윤리와 도덕을 중요시하는 사회 환경 안에서 평지돌출하듯 아무것도 생각지 않고 마구잡이로 앞으로만 가자 넘어져도 깨어져도 상처가 나도 그러는 것은 아니지 않습니까? 움켜쥐고 있는 것 좀 풀어라 여기저기 좀 나누어라 이러한 측면도 없지 않습니다. 그러니 보수 진보 무슨 차이가 있나요.

말의 유희 글씨의 시각차 외는 달리 다른 것이 없다 해야 할 것입니다. 조금은 더디 가더라도 확실히 알고 앞으로 가자는 보수와 조금은 시행착오가 있다 하더라도 우선은 앞으로 가자, 잘못되면 그때 시정하면 되지 않느냐, 이런 정도의 차이가 아닐까 생각합니다.

단군 할아버지 이래 반만년 그 긴 역사 속에서 동해물과 백두산이 마르고 닳도록 인내와 끈기로 일군 우리들의 삶의 터 그러나 근대에 와서 정치인들이 나라 잘못 다스림으로 인하여 반도가 동강 난 국가, 반 토막 난 국가이면서도 더욱 6 · 25 동족상잔의 가슴 아픈 비극의 역사 속에서 가난으로 인한 굶주림을 초근목피로 연명하면서 다른 나라의 원조로 삶을 이어온 나라이었지만 이젠 다른 나라에서 받은 그때의 고마움을 갚는 나라로 발전한 우리나라 긍지를 가져도 되지 않겠습니까?

보수가 파시스트가 아니니까, 진보가 빨갱이가 아니니까, 보수와 진보 그 약간의 차이 서로 의논하면 충분히 메울 수 있으리라 판단합니다. 제발 다투지 맙시다. 사생결단으로 싸우지들 맙시다.

기부행위

문근영 영화배우의 기부에 대해 말이 많습니다. 남을 돕기 위해서 많은 돈을 기부했는데 왜 이렇게 말이 많은가 했더니 그 원인이 자신의 잘못에 있지 않고 외할아버지의 과거 전력에 빨치산 활동을 했다 하니 이거야말로 신종 연좌 죄가 아닌가 생각됩니다. 본인의 행위도 아닌데 거금을 기부하고도 욕을 얻어먹었으니 본인으로서는 얼마나 억울하고 황당했을까요? 어린 나이에 남을 위해 거금을 기부한 행위는 정말 훌륭하고 좋은 일임에는 틀림없습니다. 우리 모두 잘한 일은 잘한 일로 칭찬하고 잘못한 일은 엄히 꾸짖는 일관된 정신을 갖고 있어야 한다 생각합니다.

나하고 같은 고향이니 같은 학교 출신이니 친척이니 나와 같은 종교를 믿으니 심지어는 성이 같으니 잘못해도 나와의 연줄 생각해서 이해득실을 따져서 잣대의 길고 짧음이 만들어지고 잣대의 기준이 달라진다면 이 나라는 희망이 없어요.

저는 선진국으로 가는 가장 확실한 길 그것은 국민의 정직성에 있다고 믿습니다. 아무리 똑똑하고 일 잘한다 해도 정직하지 못하면 그것은 정직한 바보가 오히려 더 나아요. 정직한 바보의 잘못으로 인한 해는 조그마하고 적지만 정직하지 못한 머리 좋은 놈의 해악은 나라를 팔아먹을 수 있다는 것, 역사가 그것을 증명하고 있잖아요. 다시 문근영 양에게 돌아가 봅시다.

가진 자 중 일 원 한 푼도 기부하지 않는 사람들이 잘했다 못했다 하는 것이지요. 세상에 자기 돈 안 아까운 사람 어디 있나요. 더욱 문근영 양 외조부도 지금 이 시기에 이 세상에 계셨다면 빨치산이 되지 않았을 것이고 아마 대한민국 훌륭한 장군이 되었지 않았을까 저는 그렇게 생각합니다. 젊을 때 시행착오도 있을 수 있고 혼란기에 사상에 대한 정확하지 못한 정보에 매혹당하기도 하고 일제 암흑기 우리 선각자들이 독립을 향한 열망 때문에 순진하게도 공산주의 이론에 쉽게 물든 분들도 있었어요. 아마 그들도 지금 살아 계셨다면 다 전향해서 대한민국의 선량한 시민이 되었을 것이 아닐까 생각합니다.

문근영 양의 외조부도 아마 틀림없이 그랬을 것이에요. 더욱이 지금 북한에 계시는 많은 분들 중 공산주의자 과연 몇일까요? 남한 사정 몰라서 저러고 있지 정확한 이쪽 사정 안다면 정말 저러고 있겠어요?

비만이다, 콜레스테롤이다 하여 이쪽은 혼합 곡에 쇠고기보다 신선한 채소 먹기를 원하는데 이 밥에 쇠고기 국이 최대 목표인 이북, 이제 게임은 끝났다고 봐야죠.

그러나 조심할 것은 조심하고 살필 것은 살펴 가면서 또 도울 것은 도우고 해야죠.

문근영 양 기부 정말 훌륭해요. 나이 많은 나도 존경해요.

괜한 얘기 신경 곤두세울 것 없이 앞으로도 계속 훌륭한 일 하세요. 건강과 더욱 발전하기를 기도합니다. 젊은 나이에 훌륭한 기부문화 만들어 가는 것, 그것만으로도 칭찬합시다. 그러니 더 이상 왈가왈부하지 말고 다시 한번 선행 그 자체만을 두고 잘했다 칭찬합시다. 그리고 너도 나도 기부를 정착하는 문화 만듭시다. 돈이 없으면 죽어 몸뚱이라도 대학병원에 의학생 실습용이라도 기부합시다.

하나의 돌이 되어야지

우리는 어머니 뱃속에서 열 달을 채우고 이 세상에 나오면서 응애 하며 크게 울음을 터뜨리며 태어납니다. 울지 않는 아이는 살 수 없다 합니다.

왜 인간은 울음으로써 자기 태어남을 알리는 걸까요? 아닌 이야기로 응애 응애 하는 울음보다 하하 호호 하는 웃음이 한층 재미있고 긍정적이니만큼 좋은 것 아닐까 생각해 봅니다.

이 울음은 어머니 뱃속에서 안락한 삶을 살다 거친 세상 풍파에 뛰어 드니 어찌 두려움이 없겠습니까? 공포나 두려움에 대한 반사적 행동이거나 아니면 나도 세상에 나가니 참여시켜 주시오 하는 알림이나 또는 부탁의 말이 계면쩍어서 얼버무리는 또 다른 표현의 인사는 아닐까요?

만남에는 처음이든 두 번이든 열 번이든 만날 때마다 인사가 항상 따라다닙니다. 인사를 잘하는 것도 하나의 덕목으로 평가하는 것을 보아도 알 수 있습니다. 이와 같이 이 세상에 태어나면서 신고하는 것 같이 저세상에 들어갈 때도 어떻든 신고를 하겠지요. 어떤 신고를 할까요?

생명의 탄생은 하느님의 개입하심을 전제로 하여 인간과 인간의 결합의 산물이며 죽음은 이 결합이 해체되는 것을 의미하는 것이라 여겨집니다.

결합의 산물인 생명체인 인간이 태어나면서 응애 하는 울음으로 신고를 했다면 해체인 죽음은 무엇으로 신고를 해야 할까요?

그것은 어떻게 세상을 살았는가 하는 결과물(성적표)은 아닐까요? 세상 모든 것은 결합과 해체의 연속이라 생각해 봅니다. 물리적인 결합, 이성적인 결합, 지식의 결합, 종교적인 결합, 또 어떤 단체의 결합 등은 모두가 다 일반적인 세상의 일들입니다. 만나고 만들어지고 하는 것입니다. 물론 아닌 것도 있습니다만 모든 해체(생명이 있는 것이든 그것이 무엇이든)는 필연적으로 과정과 이유와 결과가 있기 마련입니다. 생명체인 결합의 인간은 사는 동안은 과정이며 죽음에 대한 원인(병 또는 사고, 자살까지도)은 이유이며 목숨이 끊어진 상태 그 자체는 결과입니다. 어떤 과정(어떻게 살았느냐? 선하게 아니면 악하게)을 거치며 살다가 어떤 이유(원인은 병 또는 사고, 아니면 자연사, 자살까지도)로 죽었다. 이렇게 과정과 이유는 명확하지만 죽음의 결과인 사후에 대해서는 아직도 아는 것이 없습니다.

어떻든 죽음 이후 그러니까 저승에 들어갈 때는 무엇으로 신고를 할까요? 아니면 죽고 나면 아무것도 없다. 그러니 신고니 뭐니 하는 것도 없다. 이렇게 생각하시는 분도 계실 것입니다만 있다 없다 어느 하나도 이것이 정답이다 고 분명히 증명된 것은 없습니다. 다만 있다는 것을 전제로 했을 때 죽어 저승에 있는 많은 사람은 실제 그렇게 살고(저승에서의 생활) 있을 것입니다. 그러니 어떤 통로를 만들어서라도 후손들에게 알리려 했겠지만 지금까지 알릴 수 없었고 또 영원히 알릴 수 있는 방법 없을지 모르겠습니다만 종교적 이유로 해서 알아지는 날(예수 재림 시)도 있을 수 있겠다 생각해 봅니다.

그러나 지금은 알 수 없으니 안타까울 따름입니다. 그러나 우리는 죽음에 대한 수없이 많은 사람의 경험담을 듣게 됩니다. 믿든 믿지 않든 우리 주위에서는 일어났고 또 일어나고 있습니다. 사람은 죽으면 상상할 수 없을 정도로 빠른 속도로 터널 같은 곳을 지나간 후 아주 훤한 이 세상 빛과는 전혀 다른 엄청난 밝은(열이 없는) 곳이거나 표현할 수 없는 엄청 깜깜한(이 세상 어떤 어둠보다 더 깜깜한) 곳에 다다른다는 사후 세계를 경험한 분들의 증언을 듣습니다. 아마 밝은 곳은 천당이며 깜깜한 곳은 지옥이 아닐까요?

저승은 이승과는 다르겠지요. 기준이나 단위는 물론 무엇으로 살아가느냐 하는 것까지도 이 세상은 살기 위하여 먹지만 저 세상은 살기 위하여 아름다운 생각 기쁨 마음 아니 좋은 곳에 가면 자연히 그렇게 되겠지요. 우리는 흔히 끼리끼리란 얘기를 자주 하고 듣습니다. 좋은 사람은 좋은 사람들끼리 모이며 죄인들은 죄인끼리 모입니다. 신문 지상을 보면 지금 일어나고 있는 세상일들이 썩은 냄새가 온 세상을 진동시켜 성한 구석이라고는 한 군데도 없는 것같이 보이지만 그래도 눈 씻고 들여다보면 아름다운 좋은 사람들이 많이 살고 있음을 우리는 알 수 있습니다. 그래서 이 세상이 망하지 않고 잘 굴러가는구나 하고 안도하고 안심합니다.

원래 모난 돌은 튀어나와 있고 빈 깡통은 요란하며 떠벌리는 사람 치고 실력 있는 사람 없고 빈 잔치가 요란합니다. 그러니 매일 신문지상을 더럽히는 각종 좋지 않은 기사가 그러한 사람이 많아서 보다는 야단법석을 떨기 때문은 아닐까요? 살고 있는 이 세상이 이러할 진데 무수한 온갖 경험을 한 사람들이 살다간 저승은 어떻겠습니까?

어떤 의미에서는 아주 이 세상과는 다른 공평하고 엄격하고 분명하며 철저하여 어느 하나 어떤 것 하나라도 어긋남이 없는 아주 완벽한 세상(저승)일 것이라 여겨집니다. 원래 심판은 이러해야 하니까요. 그러니 저승에서의 신고는 이 세상 삶의 한 과정(태어난 이후 한 모든 일과 말과 행동과 생각까지)을 스크린으로 보여줌으로 그 결과에 따라 한 점의 의혹도 없이 그대로 천당 연옥 지옥으로 자연스럽게 지남철에 끌리듯 자기 발로 걸어 들어가는 것 아닐까 생각해 봅니다.

감 놔라 대추 놔라 할 것도 없고 잘했다, 잘못했다 할 것도 없이 스스로 잘잘못을 판단하여 자기 발로 찾아 들어가는 그러한 저승 아닐까요?

이 세상에서도 지금 보면 컴퓨터라는 괴물이 일일이 기록 저장하여 한 치의 오차도 없이 결과를 도출하는 것을 보면 하느님 나라는 말해 무엇 하겠습니까. 의심하는 것 자체가 도리어 이상한 일이 될지도 모르겠습니다. 미래 컴퓨터는 인간이 생각하는 것과 같은 인공지능 컴퓨터를 만든다고 합니다만 아마 그 초기 작품이 거짓말 탐지기가 아니겠습니까? 더 나아가서는 인간의 생각까지도 알 수 있는 컴퓨터도 만들 수 있는 것으로 봅니다. 그러니 이 세상도 잘 살아야 하지만 전지전능하신 하느님 나라는 말해 무엇하겠습니까? 어떻게 살아야 할까요? 나만을 위하여 내 가족만을 위하여 이렇게 살아서는 하느님 나라에서 신고식에서 과연 어떤 평점을 받을 수 있겠습니까? 그야 얘기하지 않아도 아주 빤한 것입니다. 그러니 이렇게 살아가야 합니다.

비우고 지우며 베풀고 배려하며 더 가져야만 더 많아야만 더 부자여만 "더" 자에 집착하지 말고 글자 "더" 에 "ㄹ"을 달아 "덜"자를 사랑하는 사람이 되십시오. 과한 것은 모자람만 못하다는 자연의 진리 즉 비가 많이 오면 홍수에, 오지 않으면 가뭄에 농사 망침을 알고, 과일도 부족한 듯 비가 와야 하고 햇빛은 타들지 않을 정도로 비춰야 하며 알맹이도 조금은 모자란 듯 달려야 하고 모두가 부족한 듯해야 합니다. 그래야 과일도 크고 달아 값도 많이 받고 맛이 있는 것과 같이 인간 생명도 소식(小食)이 오래 사는 비결이라 하지 않습니까?

욕심이 사람을 망칩니다. 더불어 살아가는 지혜를 가져야 합니다. 비우고 지우며 베풀고 배려하며 살려는 사람들과 더불어 징검다리를 놓는데 필요한 하나의 돌이 되어야 되겠습니다. 이 길만이 하느님 나라에서 상급을 받을 수 있을 것입니다.

큰 것은 좋은 것이다

어린 시절 두 형제가 성(性)이 무엇인지도 모르고 호기심(好奇心)으로 한 말이 놀림이 되어 한동안 또래들에게 웃음거리가 되었고 큰 것은 좋은 것이다, 명언(名言)으로 온 면에 칭찬받을 일은 아니지만 회자(膾炙) 되었던 것이다. 명언을 낳은 장본인 둘 중 지금은 먼저 가고 없는 형의 얼굴이 내 앞에 어른거리며 기억 저편의 일들이 스크린이 되어 지나간다.

내가 살던 촌마을에는 길가 담(다들 흙으로 만들었고 어른이 고개만 돌려도 안을 볼 수 있을 정도로 낮음)을 접해 있는 재래식 화장실이 여러 곳 있었다. 아녀자들이 사용하는 화장실은 마당 으슥한 곳에 별도 위치하였지만 남자 화장실은 거의 개방적이며 일을 보는 소리도 길 가는 사람에게 들릴 정도였다.

어느 여름날 열서너 살 정도 두 살 터울의 두 형제가 화장실에서 바지를 내리고 같이 일을 보려 일발 장전하여 목표물을 향해 쏴 발사하면서 한 말이다.

동생 왈

"히야 니(네) 자지가 크나 내 자지가 크나 한번 대(비교) 볼래." 하면서

형 것을 보니 자기 것보다 훨씬 크게 보였다. 동생 왈

"와! 히야 자지 디기(많이) 크다."

"내 것보다 열 배는 더 크다" 그 말끝에 형 대답이

"내꺼(내 것) 정말 크나." 다시 동생을 보면서 형 왈

"니(네) 다른 사람 꺼 언제 봤나?" 하면서 내 끼(내 것이) 정말 큰가 의문을 가지면서 옆에 볼일 보며 서 있는 동생 것을 보니 자기 것보다 더 크게 보였다. 원래 남의 것은 더 큰 법이고 또 위에서 보는 것보다 옆에서 보면 더 크게 보이는 법이다. 이상타 동생 것이 더 큰데 생각하면서 의문을 갖고 두 형제가 툭툭 털고 화장실을 나오는데 같은 또래 마을 친구가 그 이야기를 다 듣고는 나오는 두 형제에게 속사포를 쏜다.

"얼레리 꼴레리" 하면서

"니(네) 자지가 크나 내 자지가 크나" 하고선 줄행랑이다. 이에 놀란 두 형제가

"니 죽을래." 하면서 따라 달려간다.

시골 조그마한 동네에는 한동안 이 일로 웃음꽃이 만발하였지만 성이 무엇인지도 모르는 코흘리개 두 아이의 호기심으로 한 말이 두 형제에게는 한동안 아름답지 못한 별명이 되었고 놀림의 대명사로 "닛"자만 나오면 울상이 되었다.

두 형제의 정다운(?) 화장실 문답이 있은 후 하나의 결론 아닌 결론은 큰 것은 무조건 좋은 것이다, 정의를 내렸고 온 동네에서는 모르는 사람이 없을 정도였고 시간이 지나서는 온 면에 퍼져나간 웃을 수만은 없는 일로 정석처럼 굳어갔

다. 형제가 지나가면 어른들도 가끔은 심술궂게도 어른 왈

"니거(너희)들 큰 것은 좋은 것인 줄 우에 알았노?" 하면은

두 형제는 손으로 뒷머리를 긁적이며 비실비실 자리를 피하면서

"아저씨도 참." 하는 것이다.

살아오면서 생각해 보니 철없던 한때 이 일로 아이들이 성에 대해 조금은 일찍 눈을 뜨게 하지는 않았을까 생각해 본다. 어릴 적 일들은 자라나면서 디딤돌이 되기도 하고 어떤 경우에는 족쇄가 되기도 한다. 먼저 살았던 경험 많은 선배들의 진정어린 가르침만이 깨우침이 되고 올바른 지팡이가 될 것임을 나는 믿는다.

한여름 밤의 해프닝(happening)

90년 여름 어느 토요일 오후 퇴근 시간 윤 부장도 박 과장도 이 과장도 여럿 봉고차에 올랐다. 14:00 퇴근 시간. 90년도 당시에는 지금과 같이 자가용이 많지 않아 나 홀로 출퇴근은 없던 시절이다. 회사에서는 중간간부들을 위해 봉고(9인승)차를 배차하여 전문 운전기사로 하여금 출퇴근을 하도록 하였으며 일반 종업원은 어지간한 회사만 되어도 버스를 제공하여 수월하게 출퇴근을 하도록 하였다. 이날도 면면이 함께 출퇴근하던 동료들 아마 9명 정원에 8명이 탄 것으로 기억을 한다.

코스를 정하여 운행하기 때문에 누구나 시간만 맞추면 중간간부이면 부담 없이 이용할 수 있다. 차를 타면 앉아서 미래를 위하여 자기 계발에 투자하든 잠을 자든 누가 뭐라 할 사람 없다. 더욱 자신이 몰다 사고 낼 위험이 없으니 걱정할 일 없는 아주 편리한 출퇴근 수단으로 아침저녁 차 안에서 쉬운 일들은 의논하기도 하고 또 결정하기도 하는 어쩌면 움직이는 회의장 같은 모습일 때가 많았다. 이날은 차가 출발하자마자 잡다한 회사일보다 어떤 친구가 느닷없이 먹는 것으로 말문을 여는 것이다.

지난 일요일 우연찮게 어디를 가서 무얼 먹었는데 맛이 기가 막히게 좋고 정력에 좋다나. 아침에 일어나니 힘이 불끈 솟아 지금도 봐라 아직도 죽지 않고 있잖아 하면서 자기의 그곳에 옆에 있는 이 차장의 손을 끌어당기는 것이다. 차 안은 온통 웃음바다가 되었으며 다음부터는 말의 진수성찬 산해진미가 차 안 가득 무럭무럭 김을 발하기 시작했다. 가까운 곳은 물론 먼 곳도 이름 있는 집도 이름 없는 집도 아마 대구 가까이 있는 모든 맛있는 집들은 다 등장을 하는 것이다.

요즈음 TV에서 하는 맛 자랑 멋 자랑을 우리들은 90년대 봉고차 안에서 경쟁하듯 폼 나게 했다. 계속 맛 자랑을 한 20여 분 했을까, 누군가 내친김에 어디 좋은 곳에 가서 시연을 해보는 것이 어떠냐 하는 것이다.

오늘은 토요일 오후 여름 한낮 태양은 아직도 많이 남아 있겠다, 다 함께 가서 맛있는 음식도 먹고 하다 꼭 약속이 있는 사람은 중간에 빠지면 되지 않느냐 하는 것이다. 중론을 모을 것도 없이 이렇게 말을 이어가니 어느 누구도 가타부타 말할 처지가 못 되었다. 자연적으로 모두 다 찬성할 수밖에 없게 되었다.

우리들은 어디가 좋을까 이곳저곳 이리 저리 의논을 하다 여름 한철 시원한 그늘 밑에서 살피(평) 상에서 선풍기 돌리면 천상 낙원이 따로 없다는 냉천이 어떠냐 하는 것이다. 좀 답답하면 바로 옆 흐르는 물에 발 담그면 이 아니 좋을 소냐 하는 것이다. 모두가 대 찬성이라 기사로 하여금 냉천으로 차를 돌리게 하고 우리 남자들만의 익숙지 않은 수다는 계속

되었다.

달리는 봉고차 안에서 보신탕으로 여러 마리 개가 죽어 나갔다. 수많은 생선이 도마 위에서 칼을 맞고 접시 위에 올려졌다. 매운탕이 보글보글 끓기도 하고 그러고도 모자라서 울지 못하는 꿩도 노래하도록 하면서 우리들은 냉천에 도착했다. 우리들을 내려주고 운전기사는 차를 가지고 바로 퇴근하라 이르고서 어느 여름날 오해의 서막을 연출하기 시작하였다.

여럿 둘러앉아 이것저것 맛있는 음식과 맥주며 소주며 취향에 따라 마셨다. 분위기는 질펀하였고 도도해 갔다. 시간이 흐르고 저녁이 찾아왔다. 누가 이러고만 있을 게 아니라 음식 값도 추렴할 겸 고스톱을 하자는 것이다. 불감청(不敢請)이며 고소원(固所願)이라며 놀이는 시작되었다.

보통 화투라는 것이 어디 간단히 끝날까? 잃은 사람은 더 하기를 바라고 딴 사람은 그만 하기를 바라지만 이럴 때는 언제나 그러하듯 잃은 사람은 목소리가 크고 또 따라가기 마련이다. 시간은 가고 통금이 있던 시절이라 밤 12시를 지나니 이러지도 저러지도 못할 처지였다. 시내라면 혹 몰라도 냉천이라는 곳이 꽤 멀리 떨어져 있는 곳이라서 당시에는 교통편이 아주 불편한 지역이었다. 차편은 끊어진 지 한참 후였다. 더욱 그날따라 비가 많이 내려 어쩔 수 없이 모두가 외박을 해야 할 처지가 되었다.

어떻든 화투를 좋아하는 몇몇은 밤을 지새우고 그렇지 않은 몇은 새우잠을 잤다. 새벽 4시 통금이 풀리고 길가에서 가는 차를 기다리다 어쩌다 지나가는 택시를 용케도 얻어 타고 집으로 가는 몇몇 가운데 오해의 당사자인 박 과장도 타고 있었다.

박 과장의 집이 당시 어느 호텔에서 거리가 멀지 않은 곳이나 어쩌거나 외박은 했겠다. 걱정이지만 밤샘을 했으니 피곤하여 몸도 풀고 이왕 늦었으니 어떻게 되겠지 하며 그리 심각하게 생각지 않고 호텔 사우나에 가서 목욕을 하고 나니 피로가 좀 풀린 듯 자신이 생각해도 꽤 괜찮은 기분으로 호텔 문을 열고 나왔다. 마침 박 과장 부인이 밤새 기다려도 오지 않은 남편을 기다리다 어디서 혹시 사고라도 걱정도 되었지만 설마 무슨 일이야 있겠어? 스스로 안심을 시키면서 또 아무 소식 없이 날이 밝으니 화도 나고 피곤도 하여 한 시간 정도 목욕이나 하고 정신 차리고 여기저기 알아봐야지 하는 심정으로 호텔에 들어오는데 자기 남편이 번지르르 기름기 나는 얼굴을 하고 호텔을 나오는 것이 아닌가. 한순간 몸을 부르르 떨면서 커다란 실망감에 한 발자국도 움직이지 못할 정도였다고 했다.

2~3분 정도의 엇갈림만 있었어도 아무 일 없을 것을 또 따지고 보면 단지 미리 연락하지 못한 것 외에 남편이 별다른 잘못이 있는 것도 아닌데 일이 꼬이려고 이른 시간에 외박한 남편이 호텔 문을 나오니 오해할 만했다. 어떻든 호텔을 나오는 남편을 못 본 체 뒤이어 따라 들어와서는 막 옷을 갈아입는 남편에게 어디에서 무엇을 하다 왔느냐며 화난 음성으로

물으니 자초지종 이야기한다는 것이 어디 쉽게 되나. 좀 머뭇거리니 이젠 의심의 여지가 없는 확신 범이 되고 말았다.

그러다 보니 남편은 아무것도 아닌 일에 아내가 심하게 화를 낸다고 생각하고 아내는 남편이 바람을 피우고도 뉘우치기는커녕 도리어 시침을 뗀다고 생각하며 이건 적반하장도 이럴 수 없다는 것이다. 한두 번 오고 가는 말이 계속 이어지고 물고 물리다 보니 언성이 높아지고 종래는 더욱 높은 음성은 걷잡을 수 없는 일로 발전하고 말았다.

조그마한 일 어떻게 보면 아무것도 아닌 일이 꼬이다 보니 아주 큰일로 발전했다. 이 불상사를 풀기 위해서 함께 밤을 새운 동료 간부들이 단체로 박 과장 부인을 설득했지만 짜고 치는 고스톱이라는 것이다. 한번 오해를 하니 그거 참 무서웠다. 남자들은 다 한통속이라는 것이다. 참 기가 막혔다. 빌어도 보고 달래도 보고 윽박지르기도 하고 종래는 무릎을 꿇고 용서를 청해도 끝까지 가보자는 것이다. 할 수 있는 모든 방법을 다 동원해도 마음을 굽히지 않는 것이다. 여자가 한을 품으면 오뉴월에 서리가 내린다는 말, 믿어야 될 것 같다.

그러다 보니 사장님도 아시게 되고 종래는 회사 사장님이 나서시어 사태를 무마시켰습니다. 같이 간 간부들은 모두 도매금으로 시말서(始末書)를 쓸 뻔 했습니다만 직장인이 이러한 조그마한 즐거움도 없다면 무슨 살맛이 나느냐 하는 주위의 여럿 얘기가 주요했으며 외박의 질이 문제이지 외박한 것 그 자체는 그리 큰 죄는 아니었던 모양입니다.

어느 여름날 퇴근 시 봉고차 안에서 어쭙잖게 오고 가는 말 몇 마디가 놀이로 발전하여 밤을 새우고 그로 인하여 한 가정을 위험에 빠뜨릴 수 있었던 웃을 수만 없는 일이 일어난 것입니다. 당사자인 박 과장은 그 후 건강하던 몸이 갑자기 좋지 않아 병원을 찾았습니다만 이미 암이 전신으로 퍼져 늦은 때였습니다. 많지 않은 나이에 먼저 저 세상으로 가신 박 과장의 명복을 빌며 젊은 날 어느 여름밤 일어났던 추억의 한 토막 해프닝(happening)을 되새겨봅니다.

육체와 마음의 건강

동쪽의 아침 해는 오늘도 어김없이 떠오르고 있다. 햇살은 따사롭고 바람은 싱그럽다. 이 모든 생물을 살찌우는 빛과 공기는 지구 역사가 정확히 얼마인지 몰라도 오늘도 계속되고 어느 누구가 있고 없고 상관없이 내일도 계속될 것이다.

아주 잠깐이라도 해가 없어지는 것을 상상해 보아라. 아마 지금 존재하는 모든 생물은 지구에서 사라질 것이며 지구는 어느 별같이 생명은 하나도 존재하지 않는 죽음의 별이 되고 말 것이다.

그러면서도 사람은 해가 고마운 줄 모르고 산다. 바람 또한 같다. 아마 산소가 잠깐만이라도 없어진다면 똑같은 현상이 일어날 것이다. 이러한 햇빛 공기는 너무 많고 무엇을 주고 얻어지는 것이 아니라 모두가 다 거저 얻어지는 것이므로 고마운 줄 모른다.

눈과 비 또한 같다. 이러한 것들은 인간의 육신을 살찌우는 없어서는 안 될 자연현상이며 이러한 자연현상은 모든 생물을 있게 하는 근본인 것이다. 이외에도 인간이기 때문에 짐승이나 식물과 달리 인간 스스로가 일하고 운동하며 자기 몸 여기저기를 귀찮게 하고 괴롭혀야만 자연현상과 궁합이 맞아 더욱 건강하고 튼튼해지는 것이다.

이와 같이 몸도 이러거늘 마음은 어떨 것 같은가? 아무 생각 없이 하루하루 살면 어떨까? 아마 모르긴 몰라도 마음이 병들면 육신은 말할 것도 없이 병든 마음만큼 육신도 병들 것이다. 그러기 때문에 건강한 정신 건강한 육체라는 말이 있는 것 아닐까?

마음을 살찌우기 위해서는 바른 생각 바른 행동은 물론 이웃을 내 몸같이 사랑하는 즉 빛과 소금의 삶을 사는 것은 지극히 당연한 이치이다. 우리가 육신의 건강을 위해서 맑은 물을 먹고 깨끗한 공기를 마시며 신선한 채소 깨끗한 과일을 먹는 것과 마찬가지로 마음의 건강을 위해서도 맑은 물 깨끗한 공기와 같은 좋은 환경이 필요하며 아름다운 노래를 들으며 좋은 그림을 보고 좋은 책을 읽고 훌륭한 강사의 강의를 듣는 것이다.

그리고 육신의 건강을 위하여 일을 하고 운동을 게을리 하지 않듯 마음을 건강하게 하기 위하여 바른 행동을 하고 바른 말을 쓰며 몸가짐을 가지런히 하며 육신의 건강을 위하여 운동을 하듯 마음의 건강을 위하여 명상으로 좋은 생각으로 자기를 깨우치고 못사는 이웃을 돌보듯 남을 위하여 봉사하고 없는 가운데서 나눔을 가지는 그리고 희생을 마다 않는 삶이 마음의 건강을 지키는 비결이 아닌가 생각합니다.

이를 하나의 표로 분석을 한다면

육체 : 건강

자연적인 것 – 햇빛 바람 눈비

인위적인 것 – 좋은 음식

신선한 채소 과일

일(노동) 운동

마음 : 건강

자연적인 것 – 좋은 환경

인위적인 것 – 바른 행동 바른 말

명상(좋은 생각)

이웃 돌봄 자선 봉사 희생

그러나 어떤 것이라도 생각만으로는 되지 않습니다. 연습과 실천이 중요합니다. 연습이란 어떤 동작이나 아는 것 즉 유무형의 것들을 반복해서 하는 것을 말합니다. 반복이란 지식을 얻기 위해 새로운 것을 계속해서 열심히 할 수도 있고 (책 읽음) 같은 일을 다시 할 수도 있고 비슷한 일을 (행동 행위) 바꿔 가면서 여러 번 할 수도 있습니다. 똑같은 하나의 동작을 여러 번 반복하는 것과 비슷한 일을 바꿔 가면서 여러 번 하는 것과 어느 것이 연습의 능률을 올리는 데 좋은가는 사람에 따라 다를 수 있습니다.

그리고 다음은 연습으로만 그칠 것이 아니라 행동이 필요합니다. 아무리 연습을 많이 해도 연습으로 끝나면 무엇합니까? 연습으로 이루어진 여러 가지 좋은 것들을 행동으로 옮겨 연습의 참다운 가치를 만들어야 합니다.

누구나 태어나면 살다 가는 인생 어떻게 살다 갈 것인가는 자기 스스로 판단해서 결정해야 하지만 적어도 몰라서 하지 못하는 일 없어야 하지 않을까 생각합니다. 그러기 위해서는 아니, 바꿔 얘기하자면 하늘나라에 들어가기 위해서는 들어갈 수 있는 조건이랄까 여건을 만들어야 합니다. 그 조건이나 여건을 요약한다면 이 세상 삶의 성적표일 것입니다. 그 성적표란 수학 점수가 국어 영어 점수가 몇 점인가, 아니면 돈이 얼마나 많은가, 권력을 가졌느냐, 명예를 가졌느냐, 지식을 많이 가졌느냐, 인물이 잘났느냐, 현세에서 필요한 것은 아무 쓸모가 없습니다. 필요한 것은 어떠한 삶을 살았느냐 하는 것입니다.

불쌍하고 어려운 내 이웃을 내 몸 같이 돌봐 드렸느냐 하는 것에 있다고 생각됩니다. 아름다운 미소를 한 사람에게 지어 준 것이 바로 나에게 해준 것이다 라는 예수님 말씀의 실천이야말로 천당에 가는 확실한 길이며 열쇠일 것입니다. 그러면 그러한 사람이 되기 위해서는 어떻게 해야 하며 또 배워야 하는가를 더욱이 많은 사람이 함께 생활하는 회사라는 공동체 안에서의 일들 즉 생산 활동이건 비생산 활동이건 간에 여러 사람이 만나고 생활하는 공동의 일들에는 여러 가지 일들이 일어납니다. 조그마한 사고도 큰 사고도 일어납니다. 그런데 정작 중요한 것은 한번 사고가 일어나면 계속 일어난다는 것입니다. 일 년 열두 달 아니 2~3년 동안 한 번도 일어나지 않던 사고가 어느 날 우연찮은 일로 한 번 일어나면 연속으로 숨 쉴 여유조차 주지 않고 연달아 일어납니다. 무슨 저주를 받아서인지 몰라도 그러니 한번 사고가 발생했을 때 점검을 철저히 하여 대비해야 합니다. 회사도 이러하지만 규모가 아주 큰 국가는 더욱 그렇습니다.

한번 죄의 유혹에 넘어가 죄를 짓게 되면 두 번 세 번 그러다 보면 누범자가 되어 교도소를 제집 드나들듯하게 됩니다. 그러니 처음의 중요함은 백번 강조해도 지나치지 않습니다. 그러니 첫걸음이 중요하며 초심으로 돌아가야 한다는 얘기를 하는 것만 보아서도 알 수 있습니다.

완벽하게 철저하게 예방을 해야 합니다. 이와 마찬가지로 선하게 사는 사람들은 한 번 착한 일 선한 일을 하게 되면 자기도 모르는 사이 거기에 빠져들게 됩니다. 더 많은 에너지를 받아서 두 번 세 번 계속하게 되는 것입니다. 봉사하는 분들 얘기를 들어보면 봉사를 하러 가서 봉사하다 보면 자신이 더 큰 봉사를 받는다는 것입니다. 이는 봉사를 통해서 얻어지는 기쁨과 만족감은 자기에게 정신적으로 더 큰 기쁨과 또 마음의 여유를 주기 때문일 것입니다. 아무리 돈이 많고 권력을 가졌다 해도 자기가 사는 집이 불안하고 가족 구성원 간에 싸우고 반목하며 그 무엇입니까? 아마 그곳은 지옥일 것입니다. 아무 가진 것 없어도 자기 집에서 가족 간 챙겨주고 위해주고 사랑해주고 아랫목에 발 묻어놓고 긴 겨울밤을 하루 동안 일어났던 일들을 오순도순 이야기를 나누며 웃음

꽃을 피울 때 그곳이 바로 천국일 것입니다.

서로 다르게 그렇게 살다 보면 집에서 새는 바가지 나가서도 샌다는 속담과 같이 부와 권력을 가졌다 해도 밖에 나가서도 그것을 지키기 위해 온갖 못된 짓을 하다 보면 죄가 쌓여 살아서도 지옥에 살고 죽어서도 지옥에 갈 것이며, 가진 것 없지만 서로 도우며 사는 가족 구성원들은 나가서도 남을 위해 봉사하고 희생하며 보람찬 삶을 살며 살아서도 천국같이 살다 죽어서는 천당은 덤일 것입니다. 지옥같이 살다 지옥으로 떨어질 것인가? 천국같이 살다 천국으로 거처를 옮길 것인가? 선택은 자신이 하여야 할 것입니다.

분명한 것은 자연의 이치와 인간 삶의 이치가 한 뼘 비켜감이 없다는 것입니다. 콩 심은 데 콩 나고 팥 심은 데 팥 난다는 속담을 믿습니다.

하늘나라의 컴퓨터

나는 가끔 생각해 봅니다. 과학의 눈부신 발달은 인간들이 상상하는 범위를 훨씬 넘어 신의 영역(결코 신은 될 수도 없고 되지도 않겠지만) 가까이까지 발전하지 않을까 생각합니다.

예를 한번 들어보겠습니다. 지금도 도시 골목에 산재해 있는 감시 카메라가 사람의 모습만을 찍는 것이 아니고 인체의 어떤 부위에 센스를 부착해 놓으면 마음까지 읽고 찍는 무한 기능을 가진 인식 카메라까지 만들 수 있을 것입니다. 이러한 인식기를 또한 무한 기능을 가진 컴퓨터에 연결해 놓으면 한 사람의 일생이 영화 스크린 같이 빠짐없이 기록될 것이며 총리나 장관을 임명하려 할 때 이 인식 컴퓨터를 돌려 지금까지 삶을 살펴보면 공과가 다 나타날 것이니 지금과 같이 청문회에서 질문이다 답변이다, 거짓 답변이다 참말이다, 티격태격할 필요도 없을 것이며 자격이 있는지 없는지 금방 알 수 있을 것이며 임명의 정당성은 두말할 것도 없이 확보될 것입니다.

인권이 어떻고 개인 사생활 보호가 어떻고 하면서 논쟁이 있을 것입니다만 이러한 기계를 만드는 기술이라면 인권이니 사생활 보호니 하는 문제는 기계가 스스로 알아서 그 어떠한 경우에도 침해되지 않는 혹 인권침해의 소지가 있다고 느끼면 스스로 보지 않는다든지 아니면 다른 어떤 장치로 지워지는 것이 아니면 기록되지 않는 아주 멋있는 컴퓨터가 만들어지지 않을까 상상합니다.

미래 세계는 이러한 기계로 인하여 범죄는 자연히 없어지는 이상향의 세상을 그려봅니다. 지금도 개인 사생활 보호 측면에서 보면 전지전능하신 하느님이시니까 남녀가 나누는 혼절의 기쁨도 하느님이 다 보실 테니 말입니다. 하느님이 지금 하늘에서 내려다보시니 어쩌나 하는 마음으로 사랑을 나눈다면 어떻게 감히 벌거벗고 부부의 정을 마음껏 나눌 수 있으며 나눈들 감히 기쁨을 느낄 수 있겠습니까마는 이러한 경우에도 마찬가지로 전능하신 분이시니까 하느님께서 스스로 눈을 감아 주신다 생각함으로 부부간 사랑의 환희를 가질 수 있지 않을까 생각합니다. 다만 이러한 사랑의 행위가 부부가 아닌 정상적이지 못한 불륜의 관계에서는 하느님은 두 눈을 부릅뜨고 노려보시지 않을까 하는 생각도 가져봅니다. 이러한 마음을 가진다면 감히 불륜을 저지를 엄두가 나겠습니까? 이러한 감시 카메라와 같은 기계에 사람이 이 세상을 살면서 어떻게 하여 연결되어 운영되는가? 한 번 생각해 봅니다.

인간이 태어나면서 응애 하는 울음소리(울지 않는 아이는 죽는다고 합니다. 아니 죽었기 때문에 울지 않는다, 하는 것이 옳겠습니다.)는 과학자나 의사 선생님들이 물리적 측면에서 아니면 신체 공학적 측면에서 울음의 이유를 밝힐 수 있고 밝혀졌을 것으로 생각합니다만 또 다른 측면에서 보면 어머니 뱃속에서 열 달 동안 안락한 삶을 살다 거친 세상에 뛰어드니 어찌 두려움이 없겠습니까? 어쩌면 응애 하는 울음은 두려움이나 공포에 대한 반사적 행동이거나 아니면 연약하지만 용기를 내어 나도 세상에 나가니 참여시켜주시오 하는 자신도 알 수 없는 알림일 수도 있지 않을까 하는 생각입니다만 다른 한편에서 보면 이 울음은 하느님! 나도 세상에 나가니 나의 행적을 지금부터 기록해 주십시오, 하면서 하늘의 만능 인식 카메라에 연결하는 신호 역할을 하지 않을까 하는 생각도 가져봅니다.(목소리도 지문과 마찬가지로 과거에도 지금도 미래에도 똑같은 사람은 없습니다.)

아직까지 울며 태어나는 짐승이 있다는 얘기를 들어본 일 없으며 유독 사람만이 태어나면서 우는 것은 아마 하느님의 특별한 어떤 계획이 있는 것이 아닐는지요? 이때부터 하느님 나라에서는 한 사람의 일생을 만능 컴퓨터(즉 하느님의 전지전능하심)에 연결하여 기록할 것입니다. 인간의 신체는 하도 오묘하여 이 울음을 신호로 하늘의 기록센터와 자동연결(현재의 컴퓨터의 성능을 보면 상상하고도 남을 그 무엇이 있지 않을까요?) 되어 고장이 없고 오류 또한 전혀 없는 기록 집합 분석 결과를 도출하여 죽음의 순간 공과가 집계되어 구차한 변명도 유,불리의 다툼도 호,불호의 감정도 어떠한 형태의 핑계도 잘잘못의 가감도 없는 완벽한 판단을 스스로 하게 하고 또 알게 하여 하느님께서 심판하시기 이전에 자기 발로 자기가 가야 할 곳 즉 천당이나 연옥 또는 지옥으로 갈 것입니다.

앞으로 인간들이 만들어 사용하는 컴퓨터도 인공지능을 갖춘다 하니 더 발전하면 만능 인식 기계 또한 만들 것으로 여겨집니다. 인간이 이럴진대 하느님께서 관장하시는 하늘나라에서는 그 어떤 것도 그 무엇도 만들 수 있고 또 운영할 수 있지 않을까 상상의 나래를 펴 봅니다만 우주의 넓이를 모르듯이 인간이 아는 것은 그저 티끌 하나만도 못하니 상상해 보는 것이 또한 부질없는 짓이라 생각하면서도 하느님의 전능하심을 인간의 머리로 어찌 조금이나마 알 수 있을까? 이러한 마음으로 삶을 산다면 어떻게 살아야 하는가는 중언부언(重言復言)할 필요가 없을 것입니다. 이러한 마음으로 이 세상을 살아간다면 아마 죄도 줄어들 것이며 아름답고 착하고 선한 사람들이 많은 살기 좋은 사회가 되지 않을까 한 번 꿈을 꿔 봅니다.

동녘 하늘이 희끄무레 밝아 오는 이른 아침, 운동 겸해 나온 '남매지' 둘레를 한 바퀴 돌면 50대 어른 걸음으로 한 30여 분 소요되는 꽤 넓은 저수지이다. 전에는 논에 물을 공급하는 것이 주 의무였으나 지금은 삶에 지친 주민들에게 휴식을 제공하며 아름답게 꾸며진 둘레를 명상에 젖어 걸어갈 수도 있으며 또 운동을 할 수 있는 여러 가지 기구가 마련되어 있어 체력단련 공간으로 한 축을 담당하고 있어 시민들이 즐겨 찾는 곳이기도 하다.

나는 매일 아침이면 이곳을 찾는다. 동쪽에는 야산과 크고 작은 건물들이 바람을 막고 꽤 높은 영남대 기숙사에서는 늦은 밤까지 꺼지지 않는 불빛은 저수지를 더욱 아름답게 꾸며주고 있다. 남쪽과 서쪽은 도로에 접해 있어 다소 소음이 명상을 방해하기도 하지만 시끄러운 경적소리만 아니면 그리 불편함을 느끼지 않고 걸을 수 있다. 둑은 넓은 압량 들을 북쪽에 두고 저 멀리 팔공산 자락까지 확 트여 있어 더없이 가슴을 후련하게 하며 사색하기 좋은 환경은 걷다 보면 밤에는 이 별에서 저 별로 온 우주를 섭렵하기도 한다.

인간은 무엇이며 또 어디서 와서 어디로 가는가? 삶은 또한 무엇인가? 생각은 나래가 되고 가슴 가득 모닥불을 지피기도 한다. 오늘도 여느 때와 마찬가지로 한 바퀴 돌고 또 한 바퀴를 더 돌기 위해 둑으로 들어서려는 내 조금 앞에 한 팔을 붙들고 느린 걸음으로 가는 두 사람을 본다. 뒤에서 보아도 어림짐작으로 한 분은 50대 중반 또 한 분은 30대 초반으로 보이는데 젊게 보이는 분이 환자복을 입고 꾸부러진 오른팔을 조금 올려 들고 왼발이 불편한 듯 절룩이며 걸음을 옮기는데 옆에 착 달라붙어서 조금 올려 들은 왼팔을 붙잡고 보기에도 지극정성의 모습으로 함께 걸어가는 동행의 참모습을 본다.

아마 젊은 쪽은 아들 되시는 분으로 뇌경색이나 뇌출혈로 사지가 불편해 재활을 위한 운동을 나온 것으로 짐작을 하면서도 어떤 사이일까? 아버지와 아들 같기도 한데 불편한 아들은 장가는 갔을까? 장가를 갔다면 아버지와 같이 살며 아이는 있을까? 아내 되시는 분은 이 아침에 집에서 시어머니와 함께 밥을 짓는 것일까? 한순간에 온갖 의문들이 내 뇌리를 스치며 지나간다. 저를 어쩌지. 살아갈 날들이 많은 나이인데 걱정을 하면서 내 걸음도 빠르지는 않지만 불편한 환자와 함께 걷는 걸음이니 쉽게 앞질러 갈 수 있는 위치에서 나는 옆으로 고개를 돌리면서 고개를 막 돌리시는 아버지뻘 되시는 분에게 머리를 숙여 인사를 보냈다. 아버지로 보이는 분도 나에게 작은 목례를 보내 주신다. 한 서너 발자국을 내디디며 성호를 그으며 하느님 아버지 이들 부자에게 은혜를 베푸시어 옆에 함께 걷고 있는 아드님 원래의 모습을 찾게 해 주소서. 기도를 드린다.

내 마음은 하늘을 향하면서 올려다본 아침 허공에는 여느 하늘과 다름없이 세상일에는 하등 관심이 없는 듯 여러 조각의 구름만이 오고 가며 어제의 그 하늘과 별반 차이를 느끼지 못한다. 앞서 걸어가는 내 마음은 여전히 편치 못하다. 어디 이 세상에 불행한 사람들이 뒤에 오시는 저분 둘 부자뿐일까 마는 지금은 저렇게 불행해 보이는 저 두 분 부자, 아들 되시는 분이 마음을 다잡아 꾸준한 재활 치료와 지금과 같이 아버지의 정성 어린 간호가 효력을 발휘하여 시간이 지나면 나 언제 그랬느냐며 훌훌 털고 일어날 기쁜 날도 있을 것이다. 많은 사람은 자기에게는 불행이 찾아오지 않을 것으로 생각한다. 나에게는 불행은 없을 거야 하면서 그러다 어느 날 생각지도 않은 불행이 찾아오면 나는 그렇게 잘못 산 적도 없는데 왜 하느님께서 나에게 이러한 시련을 주시지 하면서 따지기도 하고 대들기도 하다가 어떤 사람은 잘못 생각하여 옆길로 가기도 하고 극단적인 방법을 찾기도 하지만 많은 사람은 스스로 마음을 추스르고 더 나은 내일을 위해 힘을 내어 헤쳐 나간다. 그러다 보면 언제 그런 일이 있었던가 생각할 정도로 좋은 날들이 찾아오기 마련이다. 더욱 어려울 때는 긍정적인 생각을 갖고 자기에게 최면을 걸어 잘될 것이다, 잘할 수 있어 하면 정말 잘된다. 미리부터 걱정하면 그 시간만큼 손해이다. 설혹 잘못되었다 하더라도 말이다.

이런 생각 저런 생각을 하면서 걸어오다 보니 두 부자와 꽤 멀리 떨어졌다 싶어 뒤돌아보니 두 사람이 저수지 가장자리를 향해 아들의 바지를 내리고 볼일을 보는 것을 도와주고 있었다. 지금 저렇게 배설을 하는 아들의 심정은 또한 어떠할까? 배설마저도 자기 마음대로 할 수 없어 부축을 받아야 하는 몸 상태는 멀쩡한 정신을 갖고 있다면 그 심정은 죽고 싶은 마음일 것이며 옆에 부축하는 아버지 심정은 또 어떠할까? 생각만 해도 보고 있는 내 가슴이 답답해진다. 어떻든 세월은 흐를 것이며 몸도 마음도 흐르는 그 세월 따라 변할 것이다. 변하지 않는 그 무엇도 그 어떤 것도 없으니 말이다. 이왕 되돌릴 수 없는 일 주어진 여건에서 아들인 환자분도 재활을 위해 운동을 열심히 하시고 부축해 주시는 아버지도 최선을 다해 아들의 재활의 의지가 꺾이지 않도록 북돋아 주면 뜻하는 어느 날 정상인의 모습으로 당당히 사람들 앞에 나설 수 있을 것이다. 하늘은 스스로 돕는 자를 돕는다 했다. 저 사람 참 집념의 사나이야, 그 시련 속에서도 주저앉지 않고 병마를 이기고 기적적으로 정상인의 모습으로 우리 앞에 나타나는 것을 봐, 정말 대단해, 하는 소리를 듣게 된다.

기적은 있다. 그러기에 기적이란 이름이 존재하는 것 아니겠는가? 그 많은 사람 가운데 하필이면 나에게 찾아왔어 하면서 몹쓸 병마를 한탄하고 원망하고 좌절한다면 아무리 세월이 흘러가도 예전의 모습은 찾을 길 없다. 그러나 용기를 잃지 않고 하루하루 꾸준한 재활의 의지를 불태우고 열심히 노력하면 아직은 많지 않은 나이이니만큼 되돌리기 어려운 병마도 이겨내어 예전의 자기 모습으로 돌아올 수 있을 것을 믿는다. 불가능을 가능케 하는 것은 인간 이외는 이 세상에 존재하는 그 무엇도 그 어떤 것도 할 수 없다. 인간만이 할 수 있는 인간다운 모습임을 잊지 마시고 꾸준하게 노력하시어 남매지 둘레길에서 다시 건강한 모습으로 만나기를 기대하며 기도합니다.

맏이

어느 집이든 맏이의 역할은 중요하고 크다. 더욱 형제가 많은 집일수록 맏이의 사람 됨됨이가 그 집안의 명운을 갈라놓는다. 맏이는 남녀가 중요한 것이 아니라 사람이 중요한 것임을 나는 믿고 있다. 나는 맏이인 내 누님 모습을 보면서 배웠고 자랐고 살아왔다. 살아오면서 일상생활 속에서 누님 모습에서 언제나 어머니의 마음을 느낀다. 얼굴 모습이며 말솜씨며 행동거지 하며 전혀 어머니와 닮은 구석이라고는 없는데도 말이다.

맏이인 누님 마음속에 숨겨놓은 엄마 같은 마음 그 마음을 나는 읽고 있기 때문이다. 장녀로 태어나서 많은 가정사 곳곳에 알게 모르게 일어난 삶의 흔적들을 누님은 너무 적나라하게 보아오셨다. 순간순간 나쁜 일들은 몸소 부딪치며 때로는 해결하기도 하고 울며 감내하며 몸으로 받아 넘기기도 했으며 또 가정의 살림살이가 더 나아지도록 들로 텃밭으로 불철주야 여자의 몸으로서 어느 장골 못지않게 몸을 아끼지 않으시며 매달렸다. 그래서인지 아버지 돌아가시고 많은 세월이 흐른 후까지도 가정경제가 조금도 기울어지지 않았지 않았나 생각한다.

맏이는 태어나는 것이 아니라 성장하면서 만들어진다는 말을 나는 믿는다. 더욱 형제가 많은 가정일수록 더욱 맏이의 역할은 크며 무거울 것이다. 만일 누님이 여자가 아니고 남자였다면 아마 우리 집은 많은 부분에서 달라졌을 것이다. 아버지도 달랐을 것이고 어머니는 마음고생 없이 편안하셨을 것이다. 누님은 여자이지만 매사 일처리가 남자 저리 가라였다. 맺고 끊는 것이 분명하였고 항시 정직하며 어느 것에든 쉬이 기울어지는 성미는 더더욱 아니었다. 이러니 실제 남자였다면 얼마나 잘할 수 있었을까? 나는 생각해 보곤 한다.

그러한 성미로 보아 누님은 언제나 자기가 장녀라는 생각을 버릴 수 없고 또 모진 지난 세월(무장공비에 남편을 빼앗김)에서 인고의 긴 시간을 참아야만 했던 것이다. 자기 앞에는 언제나 어린 동생들이 있었고 돌봐야 하는 대상이 있다는 것을 한시도 잊은 적이 없었을 것이다. 그것은 누님의 업(業)이며 누님을 지탱하는 지주(支柱)이기도 했을 것이다. 엄마가 계시지 않으니 엄마였고 엄마가 계셔도 누님은 엄마였고 누님은 단지 이름에 불과하였다.

80이 넘으신 연세에 자기 몸도 운신하시기가 어려운 지금까지도 홀로 사는 동생의 식사를 걱정하는 모습에서 나는 엄마를 본다. 동생 집에 가면 자기 몸이 괴롭고 아니 가면 자기 마음이 괴로운, 어느 부모가 내 누님 같은 마음을 가질까?

나도 장남으로 이것저것 마음 켕기는 것이 하나둘이 아니지만 그 중에도 장남 노릇 제대로 한번 못하고 항시 큰누님에게 짐만 지워드리는 송구함은 무엇으로 말씀드려도 부족한 것이다. 나는 내 자식에게도 얘기한다. 고모는 고모가 아니고 할머니라고. 엄마 돌아가시기 1년 전 어느 봄날 따뜻한 마

루에 앉아 이런저런 애기 하시다 느닷없이 어머님 말씀이

"야야! 니(너) 누부는 나다 나, 내 말 무슨 말인지 알겠제."

"혹 내 없더라도 내같이 생각하고 해야 한다." 내 대답은

"어무이(어머니) 와 카는교? (왜 그렇게 애기 하십니까?)"

"누가 머라 카던교? (뭐라 애기하셨습니까?)" 한 번 더 어머님 당부 말씀에 내 대답은

"알았다 안카는교? (하지 않습니까?)"

"이젠 그만 카이소.(말씀하십시오) 와 죽기라도 한다 카던교?(하던가요?)"

그 말씀을 하신 후 일 년쯤, 어머니는 아들에게 유언 한마디 남기지 않으시고 자신이 평소 원하시던 대로 자던 잠에 돌아가셨다. 아마 어머니는 자기 자신의 운명을 꿰뚫고 계셨던 것은 아니었을까?

하느님께서 불러서 가셨지, 어떻게 생과부 홀로 두고 가셨겠습니까? 가시는 걸음인들 쉬 떨어졌겠습니까? 아마 가시다 돌아보시고 또 가시다 돌아보시고 하셨겠지요?

커다란 집에 노(老)과부 생(生)과부 남편같이 친구같이 함께 사시다 노(老)과부 어머님 보낸 내 누님, 생(生)과부 슬픔 오죽하셨을까? 죽지 못해 사는 목숨이라 이제까지 사셨지 살고 싶어 살았겠습니까? 이젠 83세 얼마나 남은 누님 인생일지 나는 모른다. 사시는 날까지 정말 잘해드리고 싶습니다. 내 모든 것 다 바쳐서라도 하느님 저에게 저의 어머님의 유언을 받들 수 있도록 도와주소서.

Part 03

소설

멍에

1. 풍경

한겨울 강은 대단히 추웠다. 불어오는 바람은 칼바람이 되어 살을 에는 듯하였으며 강물이 꽁꽁 얼어 두꺼운 얼음으로 뒤덮인다.

방학을 맞은 아이들은 동지섣달 정월 석 달 동안을 얼음 위에서 놀기에 바빠 시간 가는 줄 모른다. 학교에서 정상적으로 가르치는 수업시간과 자기 자신이 복습 예습하는 공부 외에는 마음껏 뛰어노는 것이 일과였다. 학교에서 돌아오면 어깨에 걸치거나 허리에 둘러 맨 책 보따리를 풀어 방안에 던져 놓고는 놋그릇에 담긴 굴러갈 것 같은 보리밥을 따뜻한 물에 말아 된장과 함께 마파람에 게 눈 감추듯 먹고는 들과 강으로 달려 나갔다. 자연과 더불어 마음껏 뛰어놀며 호연지기(浩然之氣)를 키웠다. 한겨울의 강은 아이들의 놀이터이며 자연 학습장이며 생활이었다. 아이들은 보모가 가르치며 키우지 않아도 스스로 자랐다.

강은 언제나 얼음으로 덮였으며 썰매 타는 아이들로 언제나 북적였다. 삼한사온(三寒四溫)이란 겨울철 날씨 변화가 기막히게 들어맞았던 시절 삼한은 많이 추었으며 사온(溫)

때에는 추위는 다소 수그러졌으나 얼음이 녹을 정도는 아니므로 강의 낮은 다리 근방 얕은 곳에서 노는 아이들은 노을이 붉게 물들어 갈쯤에도 썰매 타기에 지칠 줄 몰랐다. 익살맞은 아이들은 두 개의 앉은뱅이 스케이트를 허리와 엉덩이 사이에 하나, 종아리에 하나 걸쳐놓고 고개를 치켜세우고 누워서도 양손에 잡은 창을 얼음 위를 찍으며 묘기를 부리듯 앞으로 나가기도 했다.

머리 위에 노을이 길게 드리워지고 땅거미가 몰려올 쯤 겨울 철새들이 긴 줄이 되어 서쪽 산으로 보금자리를 찾아 하늘 길을 따라 붉은 노을 속으로 사라지면 북적이던 강에도 하나둘 한 손에는 창을, 또 한 손에는 앉은뱅이 스케이트나 나막신 스케이트를 들고 또 어떤 괜찮은 집 아이는 가죽 구두 스케이트를 어깨에 떡하니 걸치고 가죽장갑을 낀 손을 탁탁 소리 나게 연신 두드리며 의기양양하게 걸어가는 것이다. 입성이 시원찮은 많은 아이들은 파랗게 변한 아래위 입술이 억지로 부딪치지 않아도 이빨이 서로 딱딱 소리 나게 부딪치며 오들오들 떨며 한껏 어깨를 구부리고 시린 두 손을 모아 호호 입김을 불어 넣으며 어거정어거정 편치 않은 걸음으로 집으로 돌아간다. 겨울 철새들의 줄이 된 풍경은 어느 잘 그린 화가의 그림이 화랑에 걸려있는 것을 보는 것 같은 착각마저 든다.

아이들이 떠난 얼음 위에는 바람만이 스쳐 지나가고 강 언저리에는 지난여름 쑥쑥 자라난 쓰러지지 않은 키 큰 갈대는 서로 바람에 고개를 휘젓다 마주 부딪치는 '쉬이' 소리는 사람을 부르는 듯 들린다. 갈대 스치는 소리와 지나가는 바람소리는 황량한 겨울 강 풍경을 더욱 을씨년스럽게 한다.

멀리서 보면 강은 하얀 캔버스(canvas)에 황량한 한 폭 그림이 그려져 있다. 고개 푹 숙이고 홀로 터덕터덕 걸어가는 나그네의 고독한 발걸음이 생각날 정도로 그림이 된 강풍경은 동쪽으론 저 멀리 야트막한 산까지 뻗어있고 서쪽으론 석양 노을 속으로 빨려 들어가듯 넘어가는 해를 따라 함께 넘어가려는지 저녁노을이 길게 넓게 아스라이 높은 서산 자락까지 희미하게 펼쳐있다.

한겨울 강 위 찬바람은 매섭게 휘몰아쳤다. 귀는 빨갛게 변하여 손으로 만지면 얼음장이었다. 헐렁한 바짓가랑이 사이로 허락도 없는 찬바람이 무시로 들쑥날쑥 더욱 오금을 펴지 못하게 한다. 바지 속 아이들 물건은 익지 않은 푸른 탱자 같이 오그라들어 동그랑땡 과자마냥 자그마해져 아래쪽에 웅크리고 있다. 걷는 모습 또한 다리가 불편한 어느 환자마냥 엉금엉금 쭈그려 걷는 모습이다.

소재지에서 과수원으로 가는 낮은 다리

살갗을 훑고 지나가는 찬바람은 손발은 말할 것도 없고 다리며 온몸이 차가웠다. 먹는 것이 시원찮은 아이들일수록 추위를 더 타는 법이다. 아랫배에 힘을 주고 걸어가면 다소 걷는 모습이 씩씩하게 보일 수 있을 것이나 어깨를 푹 숙이고 걸어가면 아주 풀 먹이지 않은 핫바지 모양 후줄근한 꼴이다. 집에 돌아와서도 땔감마저 귀했던 그 시절 아랫목이라 해도 뜨뜻미지근했다. 펴 논 이불 밑에 발을 넣고서야 그나마 조금은 온기를 느낄 수 있었다.

한겨울 강에서 놀다 지친 아이는 저녁밥을 먹으려면 쪼르르 배에서 소리가 나도 아직도 더 기다려야 한다. 혹 이웃에 허드렛일이라도 있을까? 찾아 나선 어머니의 귀가를 기다리며 책을 펴 읽다 말고 아이는 스르르 잠이 든다. 늦게 어머님의 귀가와 함께 자는 아이를 깨운다.

"야야, 조금만 기다려라. 금방 저녁 지어줄게."

이 소리에 부스스 눈을 비비며 일어난다. 보리밥알이 둥둥 떠다니는 희멀건 갱죽(시래기나 나물을 많이 넣고 끓이는 죽) 한 그릇을 후딱 먹어치우고는 뻘꺽뻘꺽 반은 물로 배를 채운 뒤 그나마 밥솥에 불을 지핀 덕에 따뜻해진 아랫목에 이불을 뒤집어쓰고 호롱불을 켜 놓고 공부를 하려고 책 보따리를 푼다. 책을 주섬주섬 끄집어내고 연필에 침을 묻히며 공책을 펴놓고 무얼 쓰려고 하면 낮에는 무얼 했냐며 기름은 누가 공짜로 주느냐며 돈이 어디 썩어 문드러지냐는 잔소리에 하려던 공부도 어머니 말씀을 핑계 삼아 책을 덮고 긴 겨울밤을 찢어진 창호지 문틈으로 보이는 밤하늘의 별을 쫓아 꿈나라로 간다.

한겨울 강 풍경

한겨울의 강변은 억시기(굉장히) 추웠다.
강물도 꽁꽁 두텁게 얼었다.
철사줄로 만든 앉은뱅이 수게토(스케이트)는
양손에 잡은 창에 힘주며 엉덩이를 들썩이며 나아가고
나막신 끝에 못 박고 굵은 철사줄로 만든 발 수게토(스케이트)는
발뒤꿈치를 들고 앞으로 당기면서 앞 발가락에 힘을 주면
쭉쭉 미끄러지듯 달려나갔다.
쇠가 뻔쩍뻔쩍 날이 선 가죽구두 칼 스케이트는
양쪽 다리를 번갈아가며 옆으로 밀며 생~생
물 찬 제비같이 날아갈 듯 달렸다.
새비로(日,sbiro) 옷 입은 과수원 집 아들 경도는
칼바람을 가르며 미끄러지듯 나아갔다.
목에 두른 머플러는 바람에 휘날렸고
앉은뱅이 수게토에 몸을 의탁한 많은 아이들은
타다 말고 고개를 돌려가며 선망의 시선으로 그를 보았다.
그는 더욱 우쭐해져 휘파람 불며
엉덩이를 좌우로 삐딱 빼딱 휘저으며 나갔다.

과수원집 아들 경도는 물 찬 제비
나막신 수게토(스케이트)를 타다 고개를 돌려가며 바라보는 우리들은
두발로 헤엄치는 물오리
이도 없어 앉은뱅이 수게토(스케이트)를 타는 동네 꼬마들은
느릿느릿 거북이
그러나 우리들에게는 얼음판 위에서 셋 또는 네다섯이 펼치는 팽이 싸움에 승자는
물 찬 제비 경도보다 인기가 높았다.

* 참나무를 깎아 중심에 총알을 박아 만든 팽이 : 그 팽이를 줄로 감아 던져 돌린다. 돌아가는 팽이를 또 다른 팽이에 긴 줄을 감아 위에서 아래로 내려쳐 동강을 내거나 모서리를 갈라놓거나 맞혀 주저앉히는 놀이다. 놀이가 활동적 파괴적으로 시대상을 반영한 전쟁놀이라 생각된다.

얼음 위를 장정 여럿이 올라 함께 뛰어도 깨어지지 않던 얼음도 설(음력)을 지나고 나면 갈라지며 깨어지는 아픔인 듯 쩍쩍 소리를 내며 물결이 일렁이며 땅과 부딪치는 가장자리부터 조금씩 녹으며 얼음과 물의 경계선이 분명치 않다. 동네 청년들은 큰 뭉치의 얼음덩이가 뗏목인 양 또 지게 작대기나 나무토막이 노(櫓)인 양 강바닥을 밀며 낙동강으로 긴 여행을 시작한다. 얼마를 가지 못하고 이게 될법한 일이냐면서 쨍쨍 또 다른 아우성인 듯 소리를 내면서 얼음덩이가 둘로 갈라지면 얼음 위에서 놀던 청년들은 놀라며 깨어진 얼음

위에서 얕은 물에 빠져 바짓가랑이를 젖기도 한다.

그러면 강가 양지바른 곳에 모닥불을 피워놓고 바지를 말리는 그림은 봄이 오는 길목인 늦겨울 쉽게 볼 수 있는 진풍경 중의 하나이기도 하다. 봄을 기다리는 마음은 굶주림에 지친 가난한 서민들의 긴 겨울나기를 배려하려는 듯 영등 할머니 치맛자락에 실어 후다닥 지나가 버리고 얼음 지치던 아이들이 떠나간 자리, 깨진 얼음 밑에는 한겨울 동안 죽음을 앞둔 환자같이 느릿느릿 움직이던 피라미들 치어들이 꼬리 흔들며 노는 활기찬 모습은 봄은 벌써 와 우리들 주위를 맴돌고 있음을 알린다. 언제부터인지 알 수 없지만 나무에 물이 오르고 올망졸망 가지에 맺은 몽우리는 하루가 다르게 부풀어 오른다. 사람들이 알지 못하는 사이 누가 먼저랄 것도 없이 남쪽 담장 앞 양지바른 곳부터 꽃망울이 조금씩 돋는가 싶더니 소리도 없이 확 터트리며 꽃을 피운다.

이름 있는 개나리도 진달래도 산수유도 매화도 피지만 이름 없는 꽃이지만 음력 3월 느지막하게 능금나무에도 꽃은 뒤처질세라 함께 피어난다.

> 복사꽃 능금꽃이 피는 내 고향
> 만나면 즐거웠던 외나무다리
> 그리운 내 사랑아 지금은 어데

노래 가사에서도 볼 수 있듯이 이맘때면 능금 밭이 많은 이곳 넓은 과수원은 화려하지는 않지만 그래도 멀찌감치 떨어져 지그시 눈을 감은 듯 실눈으로 보면 정말이지 장관이다. 어느 때 누가 같이 심었는지 높낮이가 비슷한 우람한 능금나무들이 끝없이 이어져 있고 나무와 나무 사이 좁은 길은 얼기설기 엉켜져 있다. 탱자나무와 덩굴이 함께 얽혀져 있어 한낮에도 깜깜할 정도인 어느 도깨비 굴 같은 속칭 북해도 길(일제 강점기에 탄광으로 끌려가신 우리들 선조들의 억울한 한을 생각해서 만든 길 이름인지 알지 못하지만)은 이리고불 저리 구불 긴 하나의 선으로 이어졌다. 좁은 어둑한 길에 들어서면 늦은 봄 이른 가을에는 한낮에도 시원하다 못해 으스스 한기를 느낄 정도이다. 더욱 구름에 가려 해가 없어지고 바람마저 부는 날 어쩌다 시원하게 비까지 쏟아지면 여름철 눅눅하긴 해도 피서지로서 안성맞춤인 곳이다.

많은 사람은 젊을 때 검은 머리가 중년에 들어서면 한 올 두 올 흰 파뿌리 같이 변하듯 능금나무 꽃은 연분홍으로 피었다가 며칠이 지나지 않아 서서히 흰색으로 변하면서 활짝 핀다. 흰 꽃으로 변하면 겨울철 눈이 내려 가지에 앉은 듯 잎인지 꽃인지 착각할 정도로 하얀 꽃들로 덮인다.

파란 하늘 아래 얼어붙은 땅 위 겨우내 어디서 추위를 이겨내며 목숨을 이어왔는지 모르지만 많은 벌들은 윙윙 소리를 내며 꿀을 따려 이 꽃 저 꽃으로 옮겨 날아다니고 나비는 불어오는 산들바람이 장단인 듯 어느 발레리나(ballerina)보다 더 멋지게 춤을 춘다. 잠자리 여러 마리가 서로 허공중에 떼를 지어 꽁무니를 쫓으며 아래위로 옆으로 또 옆으로 날며 빙글 원을 그린다. 벌과 나비와 잠자리의 삼중주의 날갯짓은 봄을 맞는 하얀 햇빛 가득한 허공중에 앙상블(ensemble)을 이룬다. 이들 생명들은 다 자기들의 생명을 이어가기 위한 일들을 하지만 결국에는 다른 생명들의 끈을 이어주려는 공생의 일들을 한다.

동물들은 자기들 먹을거리가 다른 동물들에게 먹을 것을 제공하거나 생명의 끈을 연결하는 연결고리이니만큼 떼려야 뗄 수 없는 불가분의 관계이다. 같이 살아가기 위한 생존의 길이며 공존공영의 길이기도 하다. 서로는 그 연결고리를 아는지 알지 못하는지 모르지만 따지고 보면 본능으로 행동하지만 서로 공존의 의미를 갖는 것이다. 꽃이 떨어지면 나무 아래 나무들 사이사이에는 하얀 꽃이 흰 눈같이 널브러져 있다. 아직 풀이 돋아나지 않은 맨땅에 수많은 개미들만 무리 지어 긴 행렬을 만들고 들락날락 분주히 오고 간다. 이른 봄이지만 미리 긴 겨울 동안 살아갈 양식을 마련하는지 모르지만 집으로 부지런히 먹을 것을 실어 나른다. 자기 덩치보다 몇 십 배나 큰 놈을 물고 미련하게도 높낮이가 사뭇 다른 땅 위를 끙끙거리며 끌고 가는 놈을 보면 욕심 많은 어느 늙은이 아무리 써도 다 쓰지도 못하고 죽을 것을 모르는지 아니면 알면서도 움켜쥔 수전노 근성을 보는 것 같다.

아프리카에서 원숭이를 사냥하는 방법이 굴속에 먹을 것을 넣어두고 망을 보면 근처에 있던 원숭이가 먹을 것을 넣어두는 것을 보고 사람이 없을 때에 굴 앞에 와서 굴에 손을 넣어 먹을 것을 집어 빼려면 주먹을 쥐다 보니 빠지지 않아 사람에게 잡히는 것을 본다. 자기 손안에 움켜쥔 먹이를 놓으면 손이 빠지는데 한사코 놓지 않아 잡혀 죽임을 당하면서도 먹을 것을 놓지 않는 어리석음을 본다. 먹이를 놓으면 손이 스르르 빠질 것인데 불끈 쥔 주먹이 빠지지 않아 사람에게 잡히는 것같이 사람도 미련하게도 수전노 근성이 몸에 밴 때문인지 닮아 보인다.

짐승이야 그렇다 쳐도 이성으로 태어난 인간이니만큼 짐승과는 달라야 하는데 그렇지 못한 사람이 너무 많은 것 또한 지금의 현실이다.

연분홍으로 피었다가

연분홍(軟粉紅)으로 피었다가
흰색으로 떨어지는 능금꽃은
눈이 내리듯 이른 봄에 지난겨울의 정취를 느끼게 한다.
겨울 동안 움츠렸던 가지들의 기지개는 물을 올리려 안간힘을 다하지만

아직도 활짝 핀 봄꽃들 외는
움 틀 시늉도 하지 않는 잎들은 계절이 바뀐 것도 모른다.
세상 밖 일들에 관심이 없는 듯하나
땅 밑에서 뿌리의 힘찬 펌프질은
꽃망울을 맺으려 안간힘을 다하는 수고로움을 본다.
마른 나뭇가지들 사이로 흰 눈이나 되는 듯 쏟아지며 떨어지는 능금꽃
어지러이 봄바람이 부는 날이면
흰나비들의 군무인 양 춤을 추는 듯 내리는 모습은 장관을 이룬다.
물러날 듯 물러나지 않는 동장군은 옷깃을 여미게 하지만
봄은 흰 능금꽃이 전령이나 되는 듯
살짝 가지를 흔들며 내 왔소 하듯 지나간다.
더 높은 하얀 공중에
두 마리 참새가 새봄을 맞아
앞서 달아나는 놈의 꽁무니를 구애하듯 짹짹 소리가
내 따라간다 기다려요 하듯 뒤를 쫓는다.
봄을 맞아 모든 것이 생기가 넘쳐난다.
돋고 피어나려 하는 꽃과 풀들
덩달아 새들도 화창한 봄날
밝은 한낮에도 부끄러움을 잊은 듯
암놈 꽁무니를 쫓아 짝을 맺는다.

2. 확인

그런 어느 날 오후였다. 나무 아래 하나뿐인 원형의 탁자와 곧 부러질 듯 놓여 있는 때 묻은 어설픈 낡은 의자에 엉거주춤 엉덩이를 붙이고 서둣 앉은 성웅이 앞에 비스듬히 능금나무에 기대어 서 있는 설이는 자못 진지한 얼굴 표정이다. 아까부터 할 말을 잃고 있다. 추궁 아닌 추궁에 진땀을 흘리고 있다 해야 할 것이다. 설이는 자신이 생각해도 알 수 없는 자신의 또박또박 대답에 의아해하면서도 성웅의 또렷한 추궁에 스스로 무엇에 홀려 끌리듯 대답은 변명으로 일관한다. 뭐 이렇게 내가 변명을 하면서까지 성웅에게 대답을 할 의무가 있는 것도 아닌데 말이다. 자기가 대답을 하고서도 내가 왜 이렇게 변명하면서까지 대답을 해야 하는지 알지 못한다. 그러고 스스로 이래서는 안 되는데 생각하면서 똑같이 변명 같은 대답을 한다.

언제부터인가 성웅은 설이에게 스스럼없이 이 가시나가 하면서 욕 같은 말도 예사로 쓴다. 너무 친해서 그러한지 아니면 또 다른 이유가 있는지 둘 외는 아는 사람이 없다. 그러한 얘기에도 설이는 눈 꼬리가 조금 비껴 올라가며 옆으로 흘겨볼 뿐 별다른 말이 없다. 옆에서 누가 보면 설이의 눈이 욕 같은 말에도 찌푸린다든지 독이 오른 모양이 아니고 이상하리만큼 정겹기도 하다는 생각과 함께 툭툭 마구잡이로 튀어나오는 이 가시나 어떻고 하는 소리에도 별다른 나쁜 감정은 없어 보인다. 어찌 보면 연속극 같은 데서 삼각관계에 얽혀 사랑싸움하다 어떤 일이 발각되어 이러지도 저러지도 못해 낭패를 당한 어느 여배우의 우는 것 같기도 하고 웃는 것 같기도 한 어정쩡한 표정의 명연기를 보여주는 얼굴 표정과 많이도 닮았다는 생각이 든다.

설이 집은 나지막한 산 아래 멀지 않은 곳에 능금나무 밭 가운데 있다. 대문을 나와 왼쪽으로 꺾으면 울타리가 된 탱자나무는 길게 줄이 되어 옆집 울타리와 평행선이 되어 작은 자갈돌로 다져진 신작로와 경쟁이나 하듯 저 멀리 야트막한 산까지 오르막 고갯길이 되어 길게 뻗어있다. 탱자나무 울타리 반대쪽 울타리도 야트막한 산까지 길을 따라 이어져 있다. 그 끝으로는 아마 어느 시골 마을의 첫 길과 연결되어 있다. 오른쪽으로는 면소재지로 나가는 나지막한 다리까지 언제 함께 심었는지 모르지만 높낮이가 엇비슷한 여러 밭의 탱자나무 울타리가 신작로를 가운데 두고 양쪽으로 철길같이 평행선이 되어 길게 이어져 있다. 자갈돌로 잘 다져진 신작로는 물이 잘 빠져 비온 뒤에도 소달구지에 능금 상자를 가득 싣고 면소재지에 있는 공판장으로 가는 데는 아무 지장이 없었다.

이 신작로는 어느 촌길같이 비온 뒤는 진흙탕으로 변하여 과일 운송에 지장을 주지는 않는다. 어쩌면 일본인 그들은 길을 만들 때 일본인들이 주로 재배하는 능금 농사를 뒷받침

하기 위해 미리 운송수단에까지 다 계산에 넣고 길을 만들지 않았나 생각이 들 정도로 능금 밭으로 이어지는 길은 모두가 다 자갈돌로 다져져 있고 배수가 잘 되어 물이 고여 운송에 지장을 주는 일 따위는 전혀 없었다.

성웅은 한참을 땅만 바라보며 군화로 심술이나 부리듯 땅을 탁탁 파고 있더니 파던 동작을 멈추고 서서히 고개를 들고 설이를 본다. 마침 성웅을 보던 설이의 눈과 마주친다. 성웅은 설이의 눈에서 무엇을 찾으려는 듯 빤히 쳐다보다 스스로 감히 내가 어떻게 일순간 자기도 모르는 사이에 전선에서 힘없이 총을 던지며 두 손을 하늘로 올리는 패배한 어느 병사의 힘 잃은 모습이 되어 눈을 아래로 깔면서 설이의 모습은 한 떨기 백장미 같다는 생각을 한다. 눈을 씻고 봐도 얼굴에 잡티라고는 하나 없다. 피부는 갓 피어난 흰 장미같이 풋풋하다. 가슴은 쿵쾅 방망이질한다. 황홀 그 자체이다. 마른 침을 소리 나지 않게 꿀꺽 삼킨다. 소리는 나지 않으나 튀어나온 성웅의 목젓이 위아래로 누가 보면 어쩌나 하듯 바삐 왔다 간다. 전에는 저렇지 않았는데 아마 설이는 이젠 물오를 대로 오르고 피어날 대로 피어난 꽃다운 나이이다. 성웅도 이젠 한 사람의 어엿한 청년으로 씩씩한 군인으로 육체적으로 자랄 대로 다 자라서며 정신적으로 성숙할 대로 성숙한 어쩌면 가장 이성에 호기심이 많은 남자로 변하였다.

성웅 자신은 지금 앞에 서 있는 설이를 보는 시각의 변화는 스스로 생각해도 경이롭게 느껴진다. 아니 마음의 눈에는 황홀 하다못해 즉 마른 춤이 꿀꺽 넘어갈 정도로 갈증을 가져온다. 어디에서 이런 마음이 생기는지 알지 못한다. 다른 말로 표현하면 본성에 기인한 본능적인 욕구의 한 단면은 아닐까? 그러니 앞에 서 있는 설이가 옛날 코흘리개 소꿉친구 설이가 아니라 한 사람의 성숙한 여성 요염한 끼 넘치는 알맞게 잘 익은 과일처럼 아니 먹음직한 빛깔 좋은 능금, 빨간 홍옥 같은 성숙한 여자로서의 모습을 다시금 느끼는 것이다. 그러한 성웅의 감정 변화는 자기의 가슴에 불을 지피기 충분하였다. 자라면서 항시 자신보다 더 많은 것을 가졌다고 생각했다. 머리 좋은 것 하며 이목구비가 뚜렷한 얼굴 생김이며 신체적 여건이며 그리고 물질로도 집의 사정이 아버지가 일찍 돌아가신 것 외에는 무엇 하나 자기보다 못한 것이 없는 아이였다. 자기(성웅)는 인식하지 못했지만 설이는 능금 밭에서 깨금발 딛고 오줌을 엉덩이 앞으로 쑥 내밀며 돌려가며 누지 않았다면 매몰차게 니(너) 이제 보기 싫다 하며 획 돌아서서 방으로 들어가지 않았을 것이다. 무엇인지 모르지만

"가시나 니(너) 싫다 카면 내 뭐 겁 낼까바" 하면서

"그카면(그렇게 말하면) 나도 니(너) 싫다." 하며 성웅이 설이의 능금밭에서 획 돌아 나오지 않았다면 지금까지 둘의 관계는 계속 이어왔을 것이다. 그러나 성웅은 왜 설이가 그렇게 하루아침에 자기를 멀리하려 획 돌아서며 방으로 들어갔

는지 아직도 모른다. 그만큼 여자는 남자보다 이성에 대한 호기심이랄까, 성적 성숙이랄까, 아니면 신체적 변화라 할까, 더 빨리 찾아오는 것이며 아는 것 같다. 설이가 매몰차게 "니(너) 이제 그럴라 카면 가뿌라.(가 버려라)" 할 때 왜 설이가 그렇게 했는지 성웅은 전혀 눈치 채지 못했다. 그냥 자기를 싫어하는가 보다며 이렇게 세월 흘러 오늘까지도 그때 일들은 까맣게 잊고 있었다. 또 다른 어떤 것도 부대에서 하명 받은 일은 핑계였으며 아니 열일을 제쳐 놓고 단지 친구의 편지내용이 사실인지를 확인하려 능금나무 아래서 설이를 만난 것이다.

성웅은 무슨 큰 결심을 하듯 고개를 들고 설이를 똑바로 바라보면서 조그마한 소리지만 단호한 어조로 추궁하듯 묻는다.

"니(너) 언제부터 아버지 같은 건마(그 사람)하고 눈이 맞았나?"

"니(너) 말 좀 해봐라." 한다. 아버지 같은 건마(그 사람)라 하면 꽤 나이든 사람일 텐데 존칭은 아예 생략하고 동생 같은 사람을 얘기하듯 하대하는 아니 욕하듯 하는 말투다. 성웅은 이제까지와 같은 방법으로는 도저히 설이의 입을 통해서 진실을 알기는 어렵겠다는 생각에 단도직입적으로 묻는 것이다.

성웅이 앉아있는 등 뒤 능금 나뭇가지에는 작은 바람 탓인지 아니면 성웅의 추궁에 할 말을 잃은 자신의 콩닥콩닥 방망이질하며 낯 뜨거워진 열기 때문인지 한낮 햇빛 아래 능금나무 꽃이 비 오듯 떨어지는 모습이 설이는 눈 내리는 저 지난겨울(63년 12월 20일) 하늘은 깜깜한데 눈으로 뒤덮여 온통 천지가 하얗게 빛나는 산사 오솔길의 선명한 설경(雪景)이 떠오른다. 설이는 움찔하면서 대답할 말을 찾지 못한다. 혼자 속으로 언제부터 알고 있었을까? 미주알고주알 다 알고 있는 것일까? 그것이 더 궁금해진다. 어쩌면 혼자 간직해야 하는 비밀을 들킨 어린아이가 어쩔 줄 모르는 모습같이 한순간 설이의 얼굴 색깔이 하얗게 변하는 것 같다. 아무나 나쁜 짓을 하지 못하는 것같이 몇 마디 말에 얼굴 색깔이 변하는 그런 설이의 모습을 본다.

성웅은 이 계집애는 마음이 여려 거짓말은 할 수 없는 것을 안다. 무언가 있기는 있는 것이 틀림없다고 이젠 확신을 가진다. 조금 전까지만 해도 아닐 것이다. 괜한 신경 쓸 필요가 없는 바람 타고 들어오는 뜬소문이 누군가가 입방아를 찧다 보니 한두 사람 입을 건너 부풀고 부풀어져 나이 많은 어떤 영감탱이와 사귄다며 성웅이 자기에게도 어쩌다 들린 소리일 것이다 생각하며 그저 뜬소문일 것이다 그저 지나가는 임자 잃은 말일 것이다 생각하며 전혀 그런 애도 아니고 그럴 수 없다며 믿지 않았는데 말이다.

그런데 지금 설이의 변한 얼굴 표정으로 보면서 자기 생각이 틀릴 수도 있다는 아니 어쩌면 소문이 진실일 것이다 라며 휙 스쳐 지나가는 불길한 생각들이 진실 탐구 같은 텔레비전 속의 한 장면이 되어 지나간다. 큰 구멍이 뚫린 성웅의 가슴 한가운데를 무엇인지 모르지만 확 바람 빠져나가듯 지나간다. 성웅은 갑자기 할 말을 잃어버리고 무슨 말을 해야 할지 알지 못한다. 둘 사이에는 정적만이 흐른다. 둘의 한 가운데에 조그마한 강이 만들어져 무심한 강물만이 흐른다. 훌쩍 뛰어 건널 수 있는 거리는 더더욱 아니다. 다리도 놓여 있지 않는 데 배 한 척도 없다. 건너서 갈 수 있는 것이라고는 아무것도 없는 것이 안타까울 따름이다.

건너려면 아직도 날씨는 차가운 이른 봄인데 온몸을 던져 강에 뛰어들어 헤엄쳐 건너야 할 뿐이다. 허긴 요즘은 겨울철에도 이열치열이라며 물속으로 뛰어들어 위아래 이빨들이 부딪치는 소리를 들으며 오들오들 떨면서도 웃음으로 어물쩍스릴을 느낀다는 사람들도 있고 하니 아예 건너지 못할 일은 아니다. 건너가지 않으면 죽는 일이다 하면 물속에 뛰어들어 건너갈 일이지만 설이에 대한 성웅의 마음이 아직 그러한 정도는 아닌 모양이다. 어떤 날은 말할 수 없을 정도로 보고 싶기도 하다가도 이것저것 생각하면 내가 이런 마음을 가져도 될 것인가? 자못 의심이 들며 설이에 대한 자기 마음이 진정인가? 아닌 것 같기도 하여 아직은 사랑이라 말하기에는 경도(傾倒)가 옳은 것이 아닌가 생각이 들곤 했다.

누군가는 사랑은 경제적으로 익,불이익을 따지는 것은 사랑이라 말할 수 없다며 어느 재벌가의 경제공동체적 정략결혼은 사랑이 아니라 어느 매매 물건같이 하나의 상품이다. 세월이 흘러 시장의 여건이 바뀌면 당연히 값나가는 여러 경제공동체의 가치가 달라져 값어치가 떨어지기도 하고 때에 따라서는 방해되기도 하니 반송되기도 하고 폐기되기도 하고 서로가 뒷방 늙은이로 모셔지기도 하여 알은체도 않으며 세월이 가기를 기다리는 경우도 있는 것이다. 우리 주위에서 벌어지는 화려하게 스포트라이트를 받으며 올렸던 재벌가들의 정략결혼들이 어느 날 신문지상의 사회면 가십난에 조그마한 활자로 결혼 이후 생활의 단면들이 시중에 널브러져 흩어지는 것을 보아도 알 수 있는 것이다.

한편 설이는 짧은 시간이지만 오만 가지 일들이 스쳐 지나간다. 얼마만큼 알고 있을까? 재가 어디까지 알고 있는 것일까? 알고 있는 내용을 집에 이야기하면 그때는 큰일이다. 오빠가 알면 그 불같은 성미로 보아 집안 망신시킨다며 죽이려 들지 모른다 생각하면 할수록 등에 식은땀이 나고 모골(毛骨)이 송연(竦然)해 진다. 이래서는 안 되겠다 생각하면서 성웅을 보던 시선을 거두고 얼굴을 숙이면서 성웅과 똑같이 분풀이를 하듯 발아래 떨어져 누운 것이 죄인 양 능금꽃을 짓뭉개며 흙으로 변한 꽃을 보며 힘없는 목소리이지만 또렷하게 말한다.

"니(너) 말이다. 누구에게 무슨 소리 들었는지 모르지만 나는 니(너)가 무슨 말을 하는지 통 모르겠다."

"아버지 같은 건마(그 사람)는 또 무슨 소리인지 통 못 알아듣겠다."

"그하고 나는 아무 일도 없다." 말을 마치고는 조금 입을 삐죽하며 숙였던 얼굴을 바로 세운다. 그러고는

"니(너) 봐라, 소문이라면 내 이 잘난 얼굴 보고 반한 어느 종내기(사내아이)가 내가 차 버렸더니 시샘하며 아마 지어낸 이야기일 것이다."

"안 그래도 신물 나게 따라오면서 사귀자며 못살게 굴던 아(아이)가 하나 있었는데 매몰차게 거절했더니 혹 가가 캤는 말이(말했는지) 발이 달려 돌아다녔는지 모르겠지만 졸병 생활하기도 벅찬 니께(너에게)까지 들렸는가 보다."

설이는 이 말을 할 때 오른손 엄지로 자기 얼굴을 가리키면서 성웅을 빤히 쳐다보면서 말을 한다.

"그라고 니(너) 내 걱정 해주는 것은 정말 고마운데 신경 쓸 것 없다."

"내 일에 신경 쓰지 말고 니(너) 군대 생활이나 신경 써라."

"군대 간 지 얼마 되지도 않은 졸병이 내 일에 신경 쓰다가 군대생활 무사히 잘 하겠나?"

하얀 얼굴색은 언제 그랬어 하는 듯 평소와 다름이 없다. 이럴 때의 변신은 가히 명배우 못지않다는 생각을 성웅은 가진

다. 속사포같이 쏴 대는 설이의 말에 한마디 대꾸도 못한다.

성웅은 이러고 보니 아닌 것 같기도 하다. 무엇인지는 모르지만 먹은 것이 소화되지 못하고 쌓였던 체증이 한꺼번에 확 빠지듯 내려가는 이 시원한 느낌은 또한 무엇 때문인가?

성웅은 작년에 논산훈련소 입대했다. 졸업년도에 자기가 좋아하는 대학에 응시하였으나 떨어지고 일 년 재수를 했다. 열심히 공부해서 자기가 원하는 대학에 갈 마음이었으나 노력이 부족한 것인지 아니면 머리가 모자란 것인지 1차에 떨어지고 하는 수 없이 2차에 합격했다. 당연히 마음에 들지 않았으나 삼수를 하기는 심히 부담이 갔다. 삼수를 해서 자기가 가려는 대학에 갈 수 있었다면 했을 것이지만 아무래도 자신이 없어 목표를 수정한 것이다. 그리고 1학기 강의를 듣는 둥 마는 둥 빈둥대다가 입대 연기 신청을 하지 않아서 입대통지서를 받고 10월에 입대했다. 그 후 전방에 자대 배치를 받고 6개월 만에 첫 휴가를 나와 가장 먼저 설이를 찾은 것이다.

입대하기 전에 설이에 대해 이런저런 소문이 들려왔다. 어떤 남자와 사귄다는 이야기도 있고 어떤 더 흉측한 이야기는 살림을 차렸다는 이야기도 있었다. 첫해는 시험에 떨어지고 의기소침해졌다. 매사 의욕이 없어지고 울화가 치밀었다. 만사가 귀찮아졌고 시들해졌다. 어쩌면 이러한 마음은 재수를 하면서 열심히 공부한다고 했었는데 공부는 겉돈 것이고 성적이 오르지 않은 이유이며 본인이 생각해도 그럴 것이다 고 생각한다. 그러다 보니 설이에 대한 생각도 많은 시간 동안은 잊고 있었다. 공부에 매달렸기 때문이라기보다는 동창회 건도(61년 7월) 있고 또 매사에 자신이 없으니 설이 자신을 어떻게 생각할까? 자신을 잃었기 때문이라는 표현이 더 정확하다. 잊었다 생각하였는데 잊은 것은 아니었고 잠시 이것저것 괴로운 일 등으로 미루어 놓았다 하는 것이 맞는 말일 것이다.

첫해는 1차 대학시험에 떨어지고(62년 12월) 주저 없이 재수를 하였으나 그 이듬해에도 또 1차 시험에 떨어졌다. 2차 시험을 포기하고 다시 삼수를 하려 마음먹기도 하였으나 나이도 있고 올해 대학을 가지 못하면 군에 입대해야 하는 등의 사유로 2차 시험을 치러 합격하였다. 어쩌면 인생에서 가장 중요한 시절에 앞으로 인생이 걸려있는 일 등에 신경을 쓰다 보니 잠시 마음 저 밑바닥에 웅크리고 있었다 해야 이치에 맞는 말일 것이다.

그런 자기 마음이 이렇게 설이를 보자마자 성급하게 평지돌출하듯 뛰쳐나온 것이다. 겨울을 지나 봄이 오는 길목에서 성미 급한 개구리가 얼음을 깨고 뛰쳐나왔다가 다 가시지 않은 추위에 화들짝 놀라 어느 햇볕 따스한 구멍을 찾아 기어들어가는 성미 급한 개구리를 보는 꼴은 아닌지?

성웅은 또 설이도 분명 대학을 갈 것이라 믿었다. 자기보다 공부도 더 잘하였으며 가정 형편도 자기 집과 같은 능금밭을 가진 과수원집 딸로 자기 집보다 좋으면 좋았지 나쁘지 않기 때문이다. 대학을 가지 못할 사유가 전혀 없었다. 대학을 가지 못할 사유라면 사내아이가 아니고 계집아이라는 이유와 아버지가 일찍 돌아가시고 계시지 않는다는 것이 이유라면 이유일 것이다. 그 후 들리는 말로는 설이 오빠가 자기도 대학을 나오지 않았는데 감히 가시나가 대학을 가겠다고 하면서 가지 못하게 했다는 얘기가 성웅 아버지가 공판장에 가서 들은 얘기를 밥상머리에서 어머니와 나누시는 말씀을 듣고 알았다.

그리고 설이 혼자 객지에 나가 취직을 해서 돈을 벌어 대학을 간다며 집을 뛰쳐나갔다는 말까지 들려왔다.(62년 12월) 얼마나 속이 상했으면 집까지 뛰쳐나갔을까 생각하며 자기가 설이의 오빠를 만나 설득하고픈 심정이기도 했지만 감히 니(너)가 뭔데 남의 집 일에 참견하느냐 하면 할 말이 없는 성웅으로서는 설이의 아픔을 헤아리면서도 아무것도 해줄 수 없는 자신이 한없이 밉기도 했었다.

그러다 훈련병 생활 중에는 아무것도 생각할 수 없을 정도로 몸도 마음도 고달팠다. 훈련을 마치고 내무반에 들어와도 잠들기 전까지는 자기 생각을 가질 시간이 없었다. 훈련병은 훈련 이외 그 어떤 것도 그 무엇도 생각할 겨를을 주지 않았다. 연병장에서 시달리고 잠들기 전 내무반에서 일석점호며 내무 검열 등 시달렸다. 직속상관 관등성명 및 복무 신조 암기하기 애국가를 4절까지 부르기 등 한 치의 빈틈도 주지 않는다. 그러다 보니 누우면 잠들기 바빴다. 훈련병은 훈련병일 뿐 자기 생각이 없어야 하는 것이 혹 군 방침이 아닐까 하는 생각까지 들었다. 훈련 중에는 미래 전쟁이 났을 때는 나라를 위해 총 들고 싸우는 하나의 전쟁 도구일 뿐이다. 그러니 너희들은 그 도구로만 존재해야 하는 것이며 훈련병의 권리는 아예 생각도 못하며 오직 하나의 의무만 있을 뿐이다. 훈련병이 어쩌다 화이버(헬멧) 또는 다른 보급 물품을 잃는 경우는 화장실에 들어가 볼일 보는 다른 사병의 것을 몰래 벗겨 가져와 채우거나 아니면 집에 연락하여 돈으로 채우는 경우도 있었으니 정신적으로 여유를 가질 짬은 없었다. 그 후 배출 대대를 거쳐 사단 보충대에서 앞으로 군대 생활 3년을 복무해야 하는 포병대대에 배치를 받았다. 자대 배치를 받고는 자신은 알 수 없었지만 자대에서 무특 파견(정식 서류상 명을 받은 것이 아닌 부대 사정상 구두로 내리는 명에 의하여)으로 대대본부 행정반에서 사병계 조수 보직을 받았다. 그 직을 잘 맡아 할 수 있는 병사를 찾다 보니 아마 대학 재학 중에 징집이 되어 현역 입대한 병사였으므로 자기가 맡게 되지 않았나 생각했다. 어떻든 당번이나 보초를 서지 않은 것 말고도 포병으로 받아야 하는 포병훈련도 열외로 받지 않게 되었다. 많은 동료 병사는 그때 김 이병은 아주 큰 백을 갖고 있는 모양이라면서 부러움 반 농 반 삼아 묻기도 했다. 그러나 자신은 어느 누구에게도 자기의 군대 생활의 평안을 위하여 남에게 부탁한 적도 없으며 또 그만한 힘을 가진 사람은 자기주위에 없을 뿐만 아니라 있다 한들 그렇게는 하지 않을 마음을 갖고 군에 입대한 것이다.

어떻든 무특 파견이란 군의 명령은 자기로 하여금 많은 시간적 여유와 정신적 육체적 고통을 현저히 줄어들게 하였으며 내무반 생활에서도 열외로 여유를 주었다. 조금은 여유 있는 병영 생활을 하던 어느 날이었다. 같은 행정반에서 병력계 일을 보고 있는 3개월 빠른 선임자가 편지 한 통을 주면서 '야, 김 이병 여자 친구인 모양이지. 전설이라, 이거 뭐 라디오 연속극에 나오는 전설의 고향을 얘기하는 것 같군 퍼떡 뜯어 봐' 하면서 봉투를 주는 것이다. 겉봉에는 고향 주소에 전설 씀 이라 적혀 있다. 뜯어보니 첫머리에

'성웅에게, 전설이라 해서 디기(많이) 놀랬제? 나 준상이다. 전설이라면 네가 깜짝 놀랄 것 같아 겉봉에 전설이 이름을 적었다. 안 놀랬나?' 며 그간의 안부를 묻고 이런저런 이야기 중에 고등학교 3학년 말 가까이 머리를 식힌다면서 K여고생과 미팅을 했을 때 같이 전설이와 함께 미성빵집에서 만났던 친구의 편지였다. 자기가 뿅 갔으니까? 너도 나 같은 마음일 것이다 고 생각했었다며 더욱 그 미팅이 있고 난 후 전설에 대해 여러 방법으로 알아보니 너하고 같은 고향이라 그때는 너도 잘 몰랐을지 모르겠다만 그 후에 너도 아마 알았을 것이라는 생각에 전설이라고 적었다며 어쩌면 너는 처음부터 가를(전설) 알고 있으면서 모른 척했을 것이다 라는 생각마저 든

다며 괘씸죄에 대한 응징의 한 방법으로 겉봉에 전설이라고 적었다 한다. 자기는 대학 생활이 이런 것인가 할 정도로 의미를 찾을 수 없다며 이러려고 내가 대학에 들어왔나 싶다며 넋두리를 장황히 늘어놓으며 나도 너같이 군대나 갈까? 하면서 군에서 고생하고 있는 자기를 위로하는 말같이 들렸다. 그러다 말미에 흘러가는 얘기로 설이 이야기가 귀를 쫑긋하게 한다.

'너 기억할지 모르겠지만 고등학교 3학년 말에 K여고와 미팅했을 때 전설이라는 애 있었잖아. 나 보고 다들 뿅 갔다며 놀렸던 애 말이다. 그 애 시내 극장에서 봤는데 웬 늙수그레한 오빠 같은 사람하고 극장 왔더라. 보니 조금은 이상하더라. 집이 촌인데 대구까지 자기 친오빠하고 극장에 오는 것도 그리 흔한 일은 아니고 뭐 그렇다. 내가 일부러 찾아가 인사하며 슬쩍 물어보려 생각했었는데 마침 옆에 문디(친한 사람을 부를 때 쓰는 명칭) 가시나 하나 같이 있어 갖고 물어보지 못했다. 니(너)도 아마 기억할 끼라 생각한다. 실(쓸)데 없는 얘기했다. 총총 이만 끝을 맺는다. 휴가 나오면 만나자.'

그때 번쩍 설이 생각이 났다. 어느 여름밤 모기 쫓으려 피우던 등겨에 모닥불같이 연기가 피어나며 사방으로 휘날린다. 흩어지는 연기를 쫓아 하늘을 쳐다보면 연기는 어디로 날아갔는지 보이지 않고 어렵사리 하늘의 수많은 별과 만나게 된다. 지금까지 잊은 듯 마음속에 웅크리고 있던 설에 대한 기억이 꿈틀 깜깜한 밤 어두운 뒷길에서 슬그머니 나타나 등을 탁 치면 깜짝 놀라 알 수 없는 불안 같은 것이 되살아나는 것이다. 오늘 따라 친구의 편지 탓인지 내무반에 누워 잠은 오지 않고 낡고 희미한 전구만이 달랑이던 내무반에 갑자기 환하게 네온 불이 켜지듯 온통 주위가 환히 밝혀지듯 설이의 얼굴이 천장 가운데서 웃고 있는 것이다. 왜 내가 지금까지 잊고 있었던가, 이상할 정도로 생각되었다. 한번 생각이 나자 이제는 걷잡을 수 없이 설이가 보고 싶어진다.

단발머리며 갸름한 얼굴이며 보조개도 고운 여학생이었다. 여름철 꼭 낀 흰 교복 속에 숨어있는 가슴 가운데 볼록한 두 작은 봉우리는 양쪽 손바닥을 오그려 가슴 위에 올려놓으면 손안에서 한 치의 여유도 없이 꽉 찰 것 같은 느낌은 풋내기 남자들에게 황홀함을 안겨 주고도 남는 것이다.

마침 성웅은 휴가증을 받아둔 상태였다. 이 휴가증도 행운이다. 함께 근무하던 사병계 일을 보는 제대를 몇 달 남겨두지 않은 김 병장이 휴가를 가서 3개월이 지나도 귀대하지 않는다며 졸병이지만 자기와 같은 고향이니 찾아가서 데려오라며 내어준 7일짜리 휴가증인 것이다. 기쁜 마음에 휴가증을 받았다. 이상했다. 장병이 휴가 가서 귀대하지 않으면 미귀대 신고를 하든지 아니면 탈영 신고를 하면 될 터인데 이렇게 오래 귀대하지 않아(3개월)도 봐 주는 것을 보면 흔히들 하는 얘기로 돈으로 뇌물을 주었나? 아니면 무척 좋은 백이 있는 장병인가보다 싶기도 했으며 부대장이 같이 고생한 장병의 앞날을 생각해서 너그럽게 봐주는 참 좋은 군대 인정이 살아 숨 쉬는 군대인가 싶기도 했다.

어떻든 성웅에게는 군 입대 후 첫 휴가이니만큼 아주 가슴 벅찬 기쁜 일임에는 틀림없다. 내일 아침 신고하고 고향 앞으로 가 하는 가슴 가득 설렘인 첫 휴가인데 가장 먼저 생각나는 사람이 아버지 어머니가 아시면 매우 섭섭한 일이지만 설이인 것이다. 이번에 내려가면 만사 제쳐놓고 설이를 만나야겠다고 생각했다. 더욱 군대 입대하기 전에 들은 얘기도 있었고 또 며칠 전 받은 친구의 편지도 있고 하여 만나서 설이에게 직접 말을 들어 봐야지 생각하면서 아마 그 사이 잊었다 생각했었는데 잊은 것이 아니고 활화산이 더욱 활활 타기 위하여 땅 밑에서 잠시 에너지 보충을 위해 멈췄다 다시 터지면 더 크게 에너지가 분출 되는 것 같이 성웅의 가슴은 설이를 보고 싶은 마음에 벅차오르며 불길 가득 가슴 한가운데서 타고 있었던 것이다.

그리고 저녁에 집에 도착하여 밤에 부모님께 인사를 드리고 아침을 먹고는 바로 옆 읍에 같은 부대 있는 선임병이 휴가를 가서 귀대 날짜가 지났는데도 귀대하지 않아 같은 고향이라 자기가 함께 모시고 가려고 왔다며 오늘 그 선임병의 집에 가서 함께 귀대 날짜를 잡아야 한다며 생각지도 않은 휴가 이유에 대해 자초지종을 부모님께 말씀드리고 바로 선임병의 집을 가야 한다며 집을 나와 설이의 집으로 달려와 이렇게 설이를 만나서 추궁 아닌 추궁 심문 아닌 심문을 하는 것이다. 처음 몇 마디 말에 얼굴색이 변하는 것을 보고 사실이구나 생각했었는데 간단한 말 몇 마디로 의혹이 풀어졌다. 아니 그런 일 없기를 바라는 간절한 마음이 설이의 이야기를 믿기로 한 것이다.

그리고 군대 생활이나 열심히 하라는 핀잔에 울화가 치밀어 올랐다. 가시나 지가 머라꼬(무어라고) 내가 머 지 땜에 신경 쓴다고 택(턱)도 없는 소리 하지도 마라 내가 왜? 니(너) 땜에 신경 쓴다 말인가. 이웃에 살면서 이제까지 서로 알고 지내온 지난 세월이 아까워서다. 아니야. 니(너)가 잘못될까 봐 불쌍해서 그런다. 혼자 속으로 그렇게 말을 하면서도 자신이 무척 설이를 생각하며 어쩌면 어느 누구보다도 설이를 더 생각하고 마음에 있어 하는 것은 아닐까? 휴가 날을 받아놓고 잠 못 들어 한 것도 설이 때문이며 휴가 오자마자 가장 먼저 찾은 것도 설이 아닌가?

지나온 세월 동안 아니 초등학교 저학년 시절까지 능금 밭에서 깨금발 딛고 오줌 갈긴 일 이후 무슨 일인지 몰라도 설이가 토라지지 않았다면 지금까지도 설이와 계속 만남을 이어 왔을 것이다. 이 세상에서 설이 가족을 빼고는 자기만큼 설이를 만난 사람은 없다고 생각되었다.

짐짓 성웅은 생각과는 달리 길들여진 온순한 양처럼 애초

묻던 것과는 달리 풀 죽은 목소리로

"내가 머라 캤나(무어라 했었나)?"

"내 귀에 들리는 얘기가 니(너)한테 안 좋은 기(것이)라서 그래서 안캤나(얘기했다)."

"그라고 조심해라. 다 큰 가시나가 남의 입에 오르내리는 것 그 자체가 안 좋다 아이가." 성웅은 설이의 이야기를 믿는다는 투로 말을 바꾼다.

그때까지만 해도 당당했던 성웅도 설이의 변명 같은 한마디 말에 길들여진 강아지 모양 꼬리를 내린다. 아무 일 없어야 한다는 성웅의 간절한 믿음이 설이의 한마디 말에 고개를 끄덕인 것이다.

3. 성장 과정

성웅과 설이는 초등학교 동기생이다. 성웅의 집도 그리 멀지 않은 곳에 있다. 설이 집에서 왼쪽으로 나와 한 오백 미터 가다 또 왼쪽으로 돌아가면 길과 조그마한 도랑이 평행선이 되어 달려가는 길 따라가면 또 왼쪽으로 조그마한 길과 연결된다. 그 길 따라 한 삼백 미터쯤 멀지 않은 곳에 한낮에도 탱자나무와 덩굴이 엉켜져 어둑한 속칭 도깨비굴이라고 부르는 좁은 길이 보인다. 조금 걸어가면 그 옆에 대문이라고는 할 것 없는 굵지 않은 나무와 철사줄로 엮어 만든 문이 성웅의 과수원이다.

초등학교 5년간을 눈이 오나 비가 오나 함께 다녔다. 어느 여름날 학교를 가려고 낮은 다리까지 왔었는데 폭우가 쏟아져 큰 물(홍수)이 되어 낮은 다리가 촐랑촐랑 물에 잠길듯하여 장정들은 바지를 접고 건널 수 있어도 초등학생인 성웅도 설이도 건널 수 없어 다시 집으로 돌아와야 했으며 어느 여름날에는 수업 중에 꼬지래기(소나기)가 쏟아져 내렸다.

선생님 말씀이

"야들아 소나기가 저렇게 내리는 것을 보니 다리가 물에 곧 잠기겠다."

"강 건너 사는 설이 그리고 화자 또 누구더라 빨리 가거라."

대표나 되는 듯 설이 화자 이름을 부른다. 두 학생 외에 세 학생도 선생님 하시는 말씀이 다 끝나기도 전에 모두 책가방을 들고 일어서며

"선생님 고맙심더.(습니다) 내일 뵙겠심더.(습니다)" 꾸벅 절하고는 다섯이 책 보따리를 챙겨 냅다 뛰어 면 소재지 아래 낮은 다리 앞 방천 둑에 다다른다. 언제 왔는지 몰라도 성웅은 먼저 와 있었다. 이미 다리는 물에 잠겨 건널 수 없어 둑에서 함께 발을 동동 구르기를 수없이 했다. 그런 날이면 누가 먼저랄 것도 없이 어디에서 잠을 자나 걱정을 하며 뉘엿 붉게 물들어가는 서쪽 하늘을 바라보며 한숨을 쉬며 우산 아래서

"니(너)는 우얄(어떻게 할)래?"

설이는 이렇게 얘기하면서
“나는 덕시(덕성)에 있는 우리 작은집에 가면 되는데.”
“니(너)도 같이 갈래?” 하는 것이다.
그러면 성웅은
“내가 우예 그기 가노? 니(너) 혼자 가거라. 나는 여기 있다가 물이 빠지면 그때 집에 가야지.” 한다. 비가 그쳐도 물은 줄지 않고 밤늦게까지 서로 걱정했던 일이 엊그저께 같이 느껴진다.

한 반 60여 명 중 강 건너 사는 아이들이 대충 대여섯 명은 되었다. 또 아침에 비가 내리는 어느 날이었다. 둘이 우산을 들고 평소와 같은 걸음으로 낮은 다리 앞에 오니 강물이 불어 누런 황토물이 뱀의 형상을 하고는 집어삼킬 듯이 꾸불꾸불 몸을 비틀며 느릿느릿 걸음으로 다리를 집어삼키고는 온갖 것을 싣고 유유히 낙동강을 향해 흐르는 것이다. 이곳은 아침에 내리는 비였지만 아마 강 상류에는 어젯밤에 폭우가 쏟아진 것을 라디오 방송을 통해서 늦게 알았다.

그런 날은 학교를 가지 못하고 재빨리 돌아와 성웅은 자기 집에 갈 생각도 않고 설이 집에서 함께 그날 배울 과목을 공부하기도 하고 가위바위보 놀이를 하면서 지는 사람은 팔을 걷어 놓고 호호 입김을 불어가며 둘째와 셋째 손가락을 모아 때리기도 하거나 설이 머리카락을 한 손으로 올려붙이며 이마를 셋째 손가락으로 퉁겼던 기억이 새록새록 다시금 새롭게 묻어나는 것이다.

어릴 때는 아무것도 모르고 넓은 과수원이 좁다며 뛰어놀며 동무로 살았다. 초등학교 고학년으로 올라가 어느 날 있었던 일이다. 어제까지만 해도 설이는 남자와 여자에 대해서 깜깜했다. 성웅은 더더욱 몰랐다. 너와 나는 친구다. 너는 빡빡 머리를 깎고 나는 머리를 길게 기르고 너는 바지를 입고 나는 치마를 입었다. 너는 서서 볼일을 보고 나는 앉아서 본다. 너는 여자고 나는 남자다. 성웅과 나는 그저 조금은 다르다. 그 이상 다른 무엇을 생각하지도 않았고 생각할 필요도 없었다. 친구로 잘 지냈다. 아무렇지도 않았다. 남자 여자 이름만 다를 뿐 같이 노는 데는 하등 상관이 없으니 다른 무엇을 생각할 필요도 알 필요도 없었다. 학교에서는 여학생은 고무줄놀이를 하면 남자애들은 따라다니면서 고무줄을 끊으려는 개구쟁이 남학생도 없지 않았다.

성웅은 언제나 짓궂은 친구의 행동을 따라다니며 말리려 했다. 왜냐하면 설이가 있기 때문이었다. 그러던 성웅이 오늘은 설이 보는 앞에서 엉덩이를 앞으로 쑥 내밀면서 깨금발(발 뒷굽을 들고)을 하고 오줌을 누는데 그것도 나를 보세요, 내 오줌발이 얼마나 멀리 가는지 보세요 하는 듯 엉덩이를 왼쪽으로 돌리며 오줌을 갈기기도 하고 또 오른쪽으로 길게 오줌발이 원을 그리며 누기도 한다. 그날따라 오줌 양도 그렇게 많은지, 또 오줌발이 높이 멀리멀리 누는지 알 수 없었다. 땅에 떨어진 오줌 줄기에 가느다란 수증기와 함께 작은 먼지를 일으키며 오줌이 웅덩이 물같이 고인다. 설이는 자기와 다르다는 것을 확실히 느꼈다. 아이코 저 종내기 하는 짓 봐라 하면서 그때부터 참 희한하다 생각하고서는 처음으로 낯 뜨거움을 느꼈다. 이성에 눈을 뜨기 시작했다. 얼굴이 붉어졌다. 저 종내기 별짓 다한다. 눈을 손으로 가리며 보는 설이의 눈에 비치는 성웅의 모습에 자기도 모르게 얼굴에 붉은 빛을 띄운다. 그때부터 어쩐지 성웅이 얼굴 보기가 예전 같지 않았다. 남자로 보이기 시작한 것이다. 그런 마음이 드니 어쩐지 같이 노는 것도 부담스러워졌다. 그런 설이를 보고 성웅은 아무것도 느끼지 못했는지 자기의 말에 대답도 하지 않는 설이를 쫓아가면서

"야, 니(네) 와 그라노(왜 그러느냐)?" 한다.

고개를 까딱이며 저 가시나가 내가 싫어졌나 하면서 울상을 한다. 전에는 그러지 않았는데 묻는 말에 대답도 잘 하지 않고 무어라 그러면 새침해지기도 하고 무엇인지는 몰라도 자꾸만 멀어지는 어쩌면 자기를 싫어한다 생각되기도 하는 것이다. 또 어떤 날은 잠자리 두 마리가 꽁무니를 물고 아래 위로 포개져 날아다니는 것을 보고 성웅은 아무것도 느끼지 못한다. 설이는 잠자리 두 마리가 무엇을 하는 것인지 아는 눈치다. 그런 광경을 보고 성웅은 긴 막대기를 들고 죽으라고 잠자리 뒤를 쫓아 온 과수원을 돌기도 하지만 사람이 아닌 아이가 어떻게 날개를 가진 잠자리를 따를 수가 있을까?

하는 짓이 가당찮다고 생각하는지? 아니면 한심하다 생각하는지? 설이는 물끄러미 바라볼 뿐이다. 잠자리는 날 잡아 보세요, 하는 듯 여기저기로 날아다닌다. 설이는 이제는 별말도 아닌 말에 신경질을 부린다. 전에 같으면 예사로 들리는 말인데도 설이는 발끈한다.

설이는 성웅이가 한 무언가 말에 화가 났는지 앙칼진 목소리로 확 뱉는다.

"니(너) 그 칼라 카면(그렇게 하려면) 너거(너희) 집에 갔뿌라(가버려라)." 하면서 흔히들 성난 아이들 발걸음으로 발을 동동 구르며 팔을 앞뒤로 세차게 흔들며 폴딱폴딱 뛰는 걸음걸이로 방문을 열고 들어가 방문을 확 닫는 것이다. 성웅도 무슨 일인지 몰라도 설이가 이제는 자기를 싫어하는 것으로 판단한다. 성웅도 그 말에 응답이라도 하듯

"가시나 니(너) 가라 카면 못 갈까봐(가라고 하면 가지 못할까봐)"

하면서 홱 돌아서며

"니(너) 그 카면(그렇게 말하면) 내 머 겁 낼 까바(것 같은가)?" 하면서

씩씩거리면서 집으로 돌아왔다.

남자아이는 여자아이보다 이성에 눈뜨는 시기가 늦기 마련인가 보다. 설이는 성웅의 그 오줌 누는 것을 보고서는 확실히 자기와 다르다는 것을 느끼면서 부끄러움을 알게 되었다. 서먹서먹한 분위기가 한동안 이어오다

"니(너) 그 칼라 카면(그렇게 하려면) 니거(너희) 집에 가뿌라(가버려라). 하며 방문을 열고 획 방안으로 들어간 그날부터는 보고도 알은체를 하지 않았다. 싸우지 않았는데도 싸운 사람처럼 되었다. 다른 아이들은 둘을 보고 너거(너희) 둘 붙어 다니더니 와 싸웠나? 얼레리 꼴레리 하고 놀려대며 요즘은 통 같이 붙어 다니지 않느냐? 하며 묻는 것이다. 그러면 둘은 똑같이 한 손으로 머리를 긁적이며 싸우기는요 하면서 얼버무려 버린다.

둘은 서로 보고도 못 본 체하였다. 그러다 보니 언제부터인가는 완전히 싸운 사람처럼 되었다. 그러니 자연히 그러면 니(너)가 이기나 내가 이기나 한번 해보자는 심보가 발동한 것이다. 누가 물으면 둘은 싸우기는요 안 싸웠심더(습니다.) 하면서 돌아서 자기 갈 길을 갔다. 둘은 그렇게 지내면서 자그마치 세월이 흘러갔다. 매일 같이 오던 성웅이 오지 않자 설이 어머니가 설이에게

"야야! 니(너) 도깨비 집 가 하고 싸웠나. 요세(요즈음) 가(그 아이) 통 안 오데?" 그러한 어머니 물음에

"싸우기는요, 안 싸웠심더(싸우지 않았습니다)."

"그 종내기(머슴아) 내 싫다면 다른 아 하고 안 노는교(애하고 놉니다)."

"묻지 마이소. 이젠 그 종내기(사내아이) 꼴 보기도 실 심더(싫습니다)." 하고서는 입을 삐죽하고는 밖으로 뛰어 나갔다.

그런 세월은 초등학교를 졸업하고도 이어졌다. 설이는 대구에 있는 세칭 일류학교 1차에 합격하였다. 성웅은 1차 시험에 떨어지고 2차에 합격하였다. 성웅은 고모부가 직물공장에 다니시며 고모가 살림을 도우려 몇 명의 하숙생을 받고 계셨다. 고모집이 학교와 가까워 자연히 고모집의 하숙생이 되었다. 성웅의 아버지는 안 그래도 여동생이 사는 꼴이 말이 아님을 모르는 것은 아니지만 가난 구제는 나라에서도 어찌할 수 없는 속담과 같이 돕고 싶으나 자신의 재력으로는 터무니없는 일, 마음 졸여 오던 중에 아들이 대구에서 학교 다녀야 하니 안 그래도 어쩔까 생각 중에 동생을 도와준다는 마음으로 자식을 동생에게 맡기고 한 달 생활비를 주면서 얼마간 더 얹어 보탬을 주어야 하겠다 생각하니 이런 안성맞춤이 어디 있느냐 생각한다. 설이는 집에서 통학하다 보니 방학 때가 아니고서는 만날 기회조차도 없을 뿐만 아니라 둘 다 도회란 큰 도시에 또 중학교란 새로운 환경에 접하다 보니 설이도 성웅도 서로 지난날은 잊어버리고 새로운 환경에 적응하느라 다른 곳에는 신경 쓸 겨를이 없었다.

4. 잊은 듯이

고등학교 2학년 여름방학 때 초등학교 동기생모임에(61년 7월) 참석하여 2차 회식 중에 술잔 사건으로 만나고 난 후 고등학교 3학년 여름 방학을 마치고(62년 10월 초) 어쩌다 그

룹미팅에서 우연히 만난 후 그리고 오다가다 어쩌다 스쳐 지나가는 얼굴로 봐온 만남 외는 한동안 둘은 거의 만난 적이 없었다. 서로가 까맣게 잊고 있었다.

고등학교 3학년 여름방학 때 일이다. 여름 장맛비가 지겹도록 내린다. 온 천지가 물로 가득 차고 물러터질 듯 습기가 마음마저 휘감아 아주 기분 나쁜 날들이 계속되었다. 옛 어른들은 장마보다 가뭄이 낫다고들 하셨다. “칠 년 가뭄에는 살아남아도 석 달 장마에는 못 산다”는 말이 전해지는 것만 보아도 알 만하다. 요즘도 장마에는 물러터진 곡식이나 과일이 상품 가치를 잃어 내다 버려야 한다. 몇 푼 되지 않는 돈은 운반비도 나오지 않는다. 그러다 보니 밭에다 두고 갈아엎어버리는 경우도 가끔 본다. 가뭄에는 그래도 물을 퍼주고 잘 관리하면 당도도 높고 상품 가치가 있는 과일을 만들 수 있으니 당연히 장마보다 가뭄이 낫다는 말이 맞는 말이다. 어떻든 자연은 모든 것이 다 적당히 내려주고 비춰주고 해야 사는 사람들은 살맛이 나는 것이다.

그렇게 온종일 비가 오락가락하는 날이었다. 설이는 면소재지에서 아버지가 병원을 하는 친구 집에 갔다. 병원 입구에서 우연찮게 목발을 짚고 쩔뚝거리며 나오는 성웅을 만났다. 설이는 성웅을 보면서 깜짝 놀랐다.

그 사이 알은 척도 안 했던 일들은 까맣게 잊고 한 번도 생각해본 적도 없는, 더욱이 병원 앞에서 작지를 짚고 나오는 성웅을 보고는 이런저런 생각할 겨를도 없이 반가운 마음과 걱정되는 마음에서 동시다발로 묻는다.

"니(너) 많이 다쳤나? 우애된 일이고?" 한꺼번에 묻는다.

그 사이 둘은 이웃에 살면서도 소식이 없었다. 성웅이 다쳤다는 것을 몰랐던 것도 미안한 일이고 하여 정말 걱정하는 마음으로 물은 것이다.

성웅은 설이의 이 물음에 아주 묘한 기분이 들었다. 어찌 보면 울음 섞인 것 같은 물음(설이는 단지 측은한 생각이 들었을 것인지도 모르지만)이 여운이 되어 자기 가슴을 촉촉이 적신다.

야가 디기(많이) 놀라며 묻는 것을 보니 설이는 아직도 나를 생각하고 있었구나 라는 생각이 미친다. 한편 설이는 성웅을 보니 야(성웅)가 고등학생 되더니 목소리도 변하고 턱에 까뭇까뭇 수염도 자라고 이젠 여자에 대해 무언가 아는 눈치다. 성웅이 엉덩이를 앞으로 한껏 내밀며 철없이 휘저으며 내갈겼던 능금나무 아래서의 시원했던 오줌발이 모락모락 피어나는 짚불의 연기처럼 먼지가 일어나던 일들이 퍼떡 스쳐 지나간다. 얼굴이 붉어진다. 성웅도 같은 생각을 했었는지 모르지만 자기도 모르게 뒷머리로 손을 가져가며 긁적이는 미안한 모습에서 지난날의 아련했던 추억을 만지작거리는 것은 아닐까 생각하니 설이도 동병상련의 마음을 가진다. 얘가 나를 잊지 않고 있구나 생각하니 마음이 설렌다.

성웅이 입을 연다.

"몰랐나? 내 교통사고 안 나뿐나?"(63년 7월초) 설이가 그 말을 받아 다시 묻는다.

"그래 우야다가 그래 됐노(되었느냐)?" 다시 말을 받아

"급한 일 있어 택시를 타려다가 너무 급한 김에 여는 문에 부딪쳐 넘어졌다." 다시 설이 묻는다.

"그래 지금 괜찮나?" 성웅은 다시

"너머(넘어)지면서 다리를 안 뿌라뿟나(가 부러졌다)."(63년 7월)

"그래서 기부스 안 했나(깁스했다)." 설은 허리를 굽혀 성웅의 깁스 한 다리를 만지면서

"안 아푸나(아프지 않느냐?)"

"다른 데는 다친 데 없고 뼈만 뿌라뿟나(부러졌나)?"

사건은 이렇다. 성웅이 말하는 급한 일이란 어떤 깡패가 성웅에게 돈을 갈취하려는지 앞을 막으면서 다섯 손가락을 아래로 오므리면서

"야 임마, 너 이리 좀 온나(오너라)." 하므로 겁도 나고 해서 도망간다고 오는 택시를 세워 급히 타다 문에 부딪히며 인도에 넘어졌다. 운이 나빠서 그러한지 어렵잖은 일인데 다리가 부러졌다. 택시 기사가 놀라 내려오고 하는 통에 깡패 녀석은 어디로 도망가 버리고 바로 그 택시를 타고 가까운 병원에 갔다. 다리가 부러져서 깁스를 했다. 방학 중이라 고

모집에 계속 있는 것도 불편스러워 시골로 내려온 것이다.

성웅은 이왕 만난 김에 어디 가서 이야기도 할 겸 몸에 별 이상이 없다는 표현을 한다.

“의사 선생님이 시간이 지나면 자연히 낫는다 캤다(하셨다).”

“그런데 오늘 아침에는 우얀 일인지 다리가 저려 혹시 하고 오늘 병원에 안 와 봤나.” 이 말에 설이가 다시 묻는다.

“의사 선생님이 머라카시더노(무어라 말씀하셨어)” 성웅은

“괜찮다 캤다.” 그러고 나서는 묻지도 않는데

“여름방학 동안 이렇게 하고 어디 가겠나? 집에 죽치고 있어야겠다.” 다시 설이가

“치료 다했나?” 성웅이

“그래 다했다, 아니 치료 할 것 없다 캤다.”

“이렇게 하고 있으면 낫는다 캤다.”

성웅은 머뭇한다. 설이를 보면서 어디 가 이야기라도 하고 싶은데 말을 마치자 어디서 오토바이 소리가 들리더니 성웅이 아버지가 오토바이를 타고 나타나신다. 설이는 성웅을 보고

“저기 너거(너) 아부지 아이가? 아마 니(너) 데리려 오신 모양인가 보다?” 말을 마치기 무섭게 성웅이 아버지가 오토바이에서 내리시며 설이를 보고 추궁하듯 물으신다. 성웅의 아버지는

“너거(너희들) 우애 만났노(만났느냐)?” 하시면서 설이를 빤히 쳐다보신다. 설이 보고 안부를 묻는 것이 아니라 어떻

게 만났는지가 더 궁금하신 모양이다. 그 물음 속에는 무언중에 니(너, 설이)가 알랑방구를 쳐서 성웅을 꼬셔내 만나기라도 한 것 아닌가 하는 의심의 말씀으로 들린다.

성웅의 아버지는 설이가 못마땅하다. 자기 아들보다 공부 잘하는 것도 그렇고 키가 큰 것도 그렇고 하얀 피부며 심지어는 눈까지 커다랗다. 검은 눈동자에 황소 눈같이 껌뻑거리는 것도 싫다. 지금도 서 있는 모습을 보면 그렇다. 아들이 작지를 짚고 펀치 못한 허리 탓에 구부정하게 서 있으니 더 왜소해 보인다. 아들 앞에 서 있는 설이 아들보다 큰 키 훤칠한 그 모습에 울화통이 치미는 것이다. 그러니 자연히 말이 부드러워질 수가 없고 말에 가시가 박혀 퉁명스럽고 툭툭 쏜다.

"아저씨 안녕하세요?" 꾸벅 머리를 숙이는 설이의 인사를 받는 둥 마는 둥 아들을 보고

"타라" 하면서 아들이 타기를 재촉한다. 성웅은 설이 보기가 민망하다. 아버지에게 한마디 한다.

"아버지는 참 설이한테 인사 안 합니꺼(합니까)? 인사는 받아야지요?"

성웅의 아버지는 시큰둥하다. 힐끔 설이를 보면서 퉁명스럽게 한마디 툭 던지신다.

"그래 왔나" 한마디 하고는 뒤에 아들이 앉는 것을 보고는

"야 그만가자" 하신다. 설이가 고개를 숙이며

"안녕히 가세요." 인사도 끝나기 전에 부릉 시동을 걸며 약

간의 먼지를 일으키며 집을 향해 떠난다. 둘은 서로 인사도 하지 못하고 헤어졌다. 둘에게는 아쉬움이 남는 일이다. 성웅은 아버지만 아니었다면 설이와 더 얘기를 할 수 있었는데 아쉬운 마음을 지울 수 없었다. 이렇게 살아가는 중간 중간에 생각지도 않은 만남은 서로에게 내가 여기 있다면서 서로 일깨움을 주는 것은 아닐까?

또 중학교를 졸업할 때 일이었다. 이웃에 살며 시장에나 공판장에 간다든지 하면서 자연히 서로 가족들을 만났다. 애들을 어느 고등학교에 보내려는지 어른들은 궁금하기도 하였다. 서로 물어 보기도 하고 정보를 교환하며 대구에서는 '여자'란 두 글자만 들어갈 뿐 학교명이 같은 K고등학교 즉 가장 이름이 난 일류고등학교를 가야 한다고 진작부터 서로 경쟁이나 하듯 말하였다. 고등학교 시험을 얼마 앞두지 않은 어느 날 오빠가 동생 설이에게 물었다.

"야야, 성웅이 아버지를 오늘 만났는데 아들이 이번에 K고등학교 시험 친다 안 카나."

"그 학교 갈라 카면 공부 디기(아주) 잘 해야 하는데 가(성웅)가 공부 잘 했나?"

오빠는 과거 국민학교 다닐 때 공부를 잘했느냐 물으시는 것인지 아니면 중학생인 지금 공부를 잘하느냐? 물으시는 것인지 설이는 헷갈렸다. 그래서 설이 대답이

"성웅이 말입니꺼(말씀입니까)? 가요(성웅이) 국민학교 때

는 별로니더(별로입니다).”

“그라고요 중학교 가서는 모르겠심더(모르겠습니다).

“가 친구들 말로는 잘은 모르겠심더만(모르겠습니다만) 중학교 가서는 열심히 공부한다 카데예(들었습니다).”

국민학교 때는 다른 반이었지만 성웅이보다 설이가 공부를 더 잘했다. 반이 달라 정확한 비교는 할 수 없지만 설이는 초등학교 6년 동안 우등상을 놓친 적 없는 데 반해 성웅은 한 번도 우등상을 받은 적 없다.

성웅의 아버지는 무슨 일인지 모르지만 밖에서 화가 나서 술을 한 잔 자시고 들어오셔서 아들 녀석에게 분풀이라도 하시려는 듯 설이와 비교하면서 아들 녀석을 심히 꾸짖었다.

“사내자식이 그 깐 계집애도 받아오는 상 한 번도 받아오지 못하고 차고 있는 부랄 띠가 마당 있는 개한테 던져 뿌라(버려라) 묵구로(먹도록).”

“보기 싫다. 어디 나가 디저 뿌리든지(죽어 버리든지)?” 하시며 역정이 대단하셨다.

옛날 우리 어른들은 많은 분들이 자식의 장래를 생각하고 하시는 말씀이 어떤 말씀을 하셔야 되는지도 모르셨다. 아니 알려하지 않으셨다. 대대로 농사만 지으시고 배운 것 없는 아버지로서 한계이기도 하셨지만 조금만 지혜로웠으면 어떤 말이 자식에게 도움이 되는 말인지 가려 했을 것이다. 지식은 부족하셨다 해도 여러 곳에 출입을 하시어 조금만 여러 가지 세상일들을 살펴보시고 지혜를 얻으셨다면 아들에게 상처가 되는 말을 하지 않았을 것이다.

나가 디져뿌라(죽어버려)는 말은 예사로 쓰는 말씨였다. 아들에게 한 이 말씀이 아버지의 진심이 아니라는 것을 잘 알기 때문에 한 귀로 듣고 한 귀로 흘릴 수 있으며 자식으로서 부족한 자신을 돌아보는 계기로 삼는 것이지만 이런 말씀도 한두 번이 아니니까 마음 안에 멍울로 쌓이는 것이다.

이놈 어디 나가 뒤져뿌라(죽어버려라) 하시면서 심지어는 입에 담을 수 없는 말을 하시면서 어떤 날은 술의 힘을 빌려서 지게 작대기를 마구 휘두르는 경우도 있었다. 닦달하고 윽박지르고 심지어는 신체적 가학도 서슴지 않았다. 그야말로 자식을 기르는 방식이 짐승 대하듯한 경우도 없지 않았다. 두들겨 패는 것이 목수가 연장으로 집수리하듯 맞추고 두드리고 다루고 꿰어 맞추면 사람도 그렇게 되는 줄로 믿는 모양이다.

해방 후 그리고 6 · 25 한국전쟁 혼란기에는 외국의 구호물자로 연명해 갈 정도로 그때는 모두가 가난했다. 없는 집 자식으로 태어나서 못 먹고 못 입고 자랐다. 옛날에는 어쩐 일인지 가난한 집일수록 자식들이 많았다. 아닌 이야기로 돈이 없으니 취미 생활이라든지 다른 어떤 즐길 놀이가 없거나 있어도 돈이 드는 일이라면 할 수 없으니 오직 아이 만드는 일이 가장 즐거운 놀이라며 그러니 자식이 많을 수밖에 없지 않느냐 라는 우스갯소리도 없지 않았다. 실증론으로 얘기하면 일본 강점기 때에는 성웅의 집도 가난했다. 그러니 형제가 많았다. 자랄 때에도 형제간에 경쟁하면서 아니 싸우면서 컸다. 먹을 것 하나라도 우물쭈물하다가는 차례를 놓치기 다반사다. 그러니 먼저 먹으려 하다 보면 아귀다툼은 좀 과한 말이지만 서로 다투었다. 형제끼리 경쟁하듯 싸우며 자란다는 말은 성웅이 집을 두고 하는 말인 것이다.

줄줄이 6남매에 성웅이 아버지가 맏이고 보니 아버지의 기대도 유난하였으니 결코 나무랄 일은 아닌 듯하다. 아버지 입장에서 보면 어쩌면 당연한 일인지 모른다. 일제 강점기에 아버지 형제 그러니까 삼촌이나 고모들이 좁은 집에 우글거렸다. 조금이라도 식구들의 입을 덜기 위하여 일찍 일본인 과수원에 일꾼으로 들어갔다. 삯도 없이 수년간 일을 하였다. 해방이 되고 일본인이 물러가고 나서 자연히 과수원을 차지하게 되었다. 많은 과수원 주인들은 일제 강점기 시 일본과수원에서 일꾼으로 일을 하다 해방이 되고 일본인들이 귀국을 하고 나서 임자 없는 소위 적산(敵産) 재산인 과수원을 차지한 것이 오늘에 이르렀다.

열심히 일한 덕분에 일본인 과수 주인에게 인정을 받기도 했지만 천성이 어질게 태어나 잠시도 쉬지 않는 성품이 현재의 성웅의 아버지를 만들었다 해야 할 것이다.

아들에 대한 열정이 꾸지람으로 나타났으며 간섭하고 채찍

질하며 닦달함으로서 자기의 자식이 잘될 것으로 믿으며 이것이 자식 사랑의 한 방법으로 철석같이 믿는 것이다.

그 후 중학교 입학 결과는 설이는 1차 시험에 합격하여 애초에 희망했던 학교에 갈 수 있었으나 성웅은 1차 시험에 낙방의 고배를 마시고 어쩔 수 없이 그만 못한 세칭 이류 중학교에 가야만 했다. 성웅의 부모님은 마음이 몹시 상하셨다. 자기 자식은 아들이고 더욱 아버지도 없는 설이는 보기 좋게 1차에 떡하니 합격했는데 자기 자식은 보기 싫게 미끄러진 것이다. 그러다 보니 성웅은 아버지의 상하신 마음을 이해하지 못하는 것은 아니지만 자기가 설이와 비교해서 설이보다 못하다 하시는 아버지의 상하는 마음보다 설이와 같은 레벨에서 밀려나 앞으로 설이와 함께 할 수 없다는 생각으로 마음이 더 아파왔다. 레일 위의 두 바퀴같이 언제나 함께 달리면서 많은 시간을 이야기하며 즐길 수 있는 기회를 상실했다는 생각이 더 마음을 아프게 했다. 또 설이는 자신을 어떻게 생각하든 스스로 비교가 불가능할 정도로 열등감이 생겨 거리감은 어쩔 수 없이 더 벌어질 수밖에 없었다. 만남은 더욱 뜸해지고 세월은 흘러갔다.

중학교 들어갈 때 그랬던 것처럼 고등학교 들어갈 때도 어쩌면 그렇게도 판박일까? 비교하는 것은 아니지만 성웅의 집에서는 어쩌면 계집애 하나도 이기지 못하나 하는 마음이 없지 않았을 것이다. 둘 다 쑥쑥 몸도 자라고 앎도 많아지고 넓어지고 깊어지면서 학생 본래의 의무인 공부도 열심이었지만 나는 누구인가? 나는 무엇인가? 나는 어디서 와서 어디로 가는 걸까? 젊은 사람이면 누구나 다 한 번쯤은 생각하는 인간 본연에 대한 의문에까지 눈을 돌리게 되었다. 그러다 보니 미래에 대한 그림도 그려가며 또 한 편으로는 서로를 잊은 듯 마음 저편에 남겨두고 새로운 얼굴들과 사귀며 새로운 경험을 얻고 서로가 잊은 듯 생활하게 되었지만 가족들로 인하여 소문을 듣고 전하고 입에 오르내리면서 간접적인 만남은 언제나 잊을 만하면 다시 뇌리에 각인시키고 있다 해야 할 것이다.

무엇인가 딱 부러지게 네가 좋다 너를 사랑한다는 것은 아닐지 몰라도 다른 사람 입으로 무언가 나쁜 소리를 들을 때에는 쌍심지를 켜고 귀를 쫑긋해 듣기도 하고 말하는 사람으로 하여금 낭패스러울 정도로 물고 늘어진다든지 아니면 자기가 가족인 양 장황하게 변명을 한다든지 상대가 의아하게 생각하며 난처하게 만들기도 하는 것이다.

어느 날 성웅이나 설이 둘 다 잊은 듯 마음 뒤편의 일들을 끄집어내야만 하는 일들이 생겼다. 생각지도 못했던 일이 둘에게는 지난날을 돌아보게 하는 계기가 되었다.

5. 서클

설이는 고등학교 3학년 초(62년 4월) 봄에 있었던 일이다. 설이는 서클이라고 할 것 없었지만 언제나 함께 다니면서 마음을 나누는 친구가 있었다. 서로가 마음속에 있는 은밀한 일까지도 얘기하며 자기 것 무엇 하나 빼주어도 아까울 것 없는 다섯 명의 친구들이 있었다. 설이는 촌에서 대구로 통학하기 때문에 가끔은 빠지기도 하고 늦기도 하며 때로는 빨리 일어나 빠져나오기도 하지만 거창한 곳은 아니더라도 여기저기 빵집이며 길가 국화만두 집이며 때로는 미성년자 관람 불가라는 영화를 보려 언니나 심지어 친구 어머니의 옷을 몰래 얻어 입고 함께 가서 구경하며 어울려 다니기도 했다.

그런 어느 날이었다. 같이 함께 늘 어울려 다니던 친구 하나가 오늘은 다 함께 D고등학교 남학생과 미팅하기로 약속했다면서 우리도 다섯 저쪽도 다섯 나오기로 했으니 오늘은 한 사람도 빠짐없이 다 같이 가야 한다는 선언에 가타부타 말할 수 없는 처지가 되어버렸다. 또 학교는 그래도 모두가 반에서 일이등 하는 애들이고 다들 서울에 있는 대학을 가려는 학생들인데 우리 옆집에 사는 아주 착한 애가 이야기한 것이니까 믿어도 된다는 것이다. 고등학교 2년 동안 민숭민숭하게 지내왔다. 돌이켜 보아도 기억에 남는 일이라곤 없다. 무미건조한 누구나가 다 가지는 일들 외에 학교 가고 공부하고 집에 오고 때로는 영화 보고 야구 구경하고 소풍 가서 노는 정도 외엔 기억할 것이라고는 없었다. 한 번쯤은 해보고 싶은 유혹도 없지 않았다. 열차 시간은 간당간당하지만 아니면 차 시간이 늦으면 중간에 나오더라도 아니 대구에서 자는 한이 있더라도 어쩔 수 없다. 같이 가기로 마음을 정했다.

우리 다섯 명은 버스를 타고 시내에 있는 빵집으로 향하였다. 시내버스 정류소에서 내려 한 5분 정도 걸어가니 빵집이 보였다. 설이는 생각해 본다. 옆집에 사는 성웅이 외에 말 물음을 하며 대화다운 대화를 한 남학생이 있었던가? 더욱 성웅이도 오줌발 사건 이후에는 어쩌다 우연찮게 스쳐 지나가다 만난 적 있어도 그 외는 만난 적이 없었다. 통학하면서 아는 남학생들은 그저 옷깃 스치듯 지나가는 얼굴일 뿐이다. 아니면 따라다니며 귀찮게 하는 남학생들은 거의 불량 학생이거나 말썽을 일으키는 학생들인 관계로 말 물음에 말을 섞지 않았던 것이다. 그러니 남학생 아니 남자라고는 그의 숙맥인 관계로 뒷짐을 진 채 제일 꽁무니에서 병아리가 어미닭 놓칠세라 졸졸 따라가듯 따라 들어갔다.

꽤 넓은 홀 안에 여기저기 젊은 손님들이 앉아있고 안쪽 구석진 좌석에 모자는 벗은 채 학생복을 입은 다섯 명이 일어선다는 것이 엉덩이를 붙인 채 고개를 숙이고는 맞은편 의자에 앉으라는 것이다. 들어간 차례대로 의자에 앉고 나는 제일 늦게 들어간 관계로 벽에 붙어 있는 의자에 고개를 숙인 채 엉덩이를 밀어 넣으며 앉았다.

한 남학생이 일어나서는 인사말을 시작한다. 고개를 까딱하며

"저는 D고등학교 3학년에 재학 중입니다."

"보시는 바와 같이 보는 사람마다 잘 생겼다는 이야기를 귀 아프도록 듣고 있는 미남 김동철입니다." 너스레를 떨며 하는 이 이야기에 모두는 소리 내어 웃지는 않지만 입가에 미소를 띠며 말하는 학생을 본다. 또 그 학생은

"보는 눈도 있고 하니 앉아서 말을 하겠습니다." 하면서 자리에 앉는다. 어디에서 사회를 보았는지 아니면 말할 기회가 많은 학생 간부이거나 아니면 교회 같은 곳에서 신앙생활을 하면서 활동을 했거나 술술 말을 잘 이어간다.

"가슴이 불타는 우리 젊은 영혼들은 열심히 공부를 해야 하는 것이 본분임을 너무나도 잘 알고 있습니다."

"더욱 3학년인 우리들은 대학입시를 눈앞에 두고 있습니다."

"인생의 방향을 결정할 대학입시를 앞두고 있는 이 시점입니다만"

"우리들은 공부하는 기계가 아닌 만큼 휴식 또한 필요함은 앞에 앉은 여러분들은 머리도 좋고 좋은 학교에 다니시어 말씀드리지 않아도 저보다 더 잘 아실 것입니다." 은근히 명문여고 학생들임을 칭찬하는 것을 잊지 않는다.

"이제 우리들은 그 휴식의 일환으로 이성 간에 호기심에 빠져 사리를 분별하지 못하고 헤매는 영혼들을 구제하고 학생 본연의 의무인 공부에 더 매진할 수 있도록 이해하려는 분명한 목적 즉 어떻게 쉬며 어떻게 공부하는 것이 더 효율적인가를 서로 교제를 통하여 알려주고 귀담아 듣고 함께 얻

으려 합니다."

"한눈팔지 말고 아니 옆으로 눈을 돌리지 말고 서로 믿고 충고하며 우리들의 목적인 얼마 남지 않은 대학 입학하는 그 날까지 아니 그 후까지 건전한 사귐을 가질 것을 제안합니다." 나지막하지만 또렷한 음성으로 힘차게 소신 있게 다음 말을 이어가는 것이다. 또

"니체는 신은 죽었다 라고 말합니다."

"그 돌아가셨다고 철학자가 말씀하신 그 신을 이 테이블 위에 올려놓고 왜? 죽었다고 하셨는지 죽음의 실체를 밝혀 보는 것 또한 의미 있는 일 아니겠습니까?"

"그 책을 읽으면서 인생을 깊이 고민하기도 하고 때로는 사람은 어디서 와서 어디로 가는 걸까?"

"한 번쯤은 여러분도 의문을 가지고 생각에 빠져들기도 했을 우리들 나이입니다." 조금은 장황하다.

"아닌 이야기로 인간 본질을 두고 상념에 빠져들기도 하는 고민이 많은 우리들 청춘입니다."

"남자인 우리들은 무엇일까?"

"그 상대인 또 여자는 누구이며 어떤 관계일까?"

"어머님도 계시고 누님도 있고 여동생도 있습니다만"

"우리들은 잘 모릅니다."

"이성에 대해서는 아는 것 같은데 너무 모르는 것이 많습니다."

"그래서 고민하기도 합니다."

"우리들의 이러한 만남이 서로를 알고 이해하고 먼 미래를 위한 건전한 만남이었다, 우리들 모두에게 유익하였다, 결론을 얻도록 다함께 노력합시다." 하며 긴 말을 끝맺는다.

"너무 장황 했습니다." 알기는 아는 모양이다.

"용서하십시오." 하면서 꾸벅 고개를 숙이면서

"우리들이 먼저 인사를 드렸습니다." 말을 마치고 자리에 앉는다.

그러고는 자기 옆에 앉은 두 번째 친구에게 인사를 하라고 쿡 허벅지를 찌른다. 옆의 친구는 일어서서 숫기가 없는지 아니면 그렇게 말하기로 했었는지 입속에 말을 넣어 놓고 돌리듯 들릴 듯 말 듯

"음, 저는 이기태입니다." 하면서

"잘 부탁드립니다." 하고는 꾸벅 고개를 숙이고는 자리에 앉는다. 앞의 학생에 비해 너무 짧다. 다음 친구도 또 다음 친구도 일어나서 이름을 말하고는 꾸벅 머리를 숙이고 앉는다. 세 사람은 앞의 친구가 너무 길게 말했다 느꼈는지 아주 간단하게 인사를 한다. 아니면 어쩌면 서로 빵집에 들어오기 전에 각본을 쓴 것은 아닐까? 마지막 친구는 일어서더니 흠뻑 입가에 미소를 머금고 서서는 에에 으흠 하며 잔기침을 두어 번 하더니

"처음 뵙겠습니다." 얼굴을 숙이고 듣던 설이는 어디서 많

이 듣던 귀에 익은 음성임을 느끼면서 가만히 고개를 들고 보니 성웅이 웃는 얼굴을 하고서는 입에 중지를 대고 꾹 누르며 아는 체하지 말라는 사인인 것 같다. 그러고는 다음 말을 이어갔다. 설이는 깜짝 놀랐다.

이런 자리에서 성웅을 만나다니 상상할 수도 없는 일이 일어났다. 그러나 무얼 어쩔 것인가? 생각을 정리하니 성웅의 음성이 들린다.

"저는 시골에서 태어나고 자랐습니다."

"이렇게 낯선 남녀 특히 설익은 여자와 남자가 여럿 같은 테이블에 마주 앉아 있는 것을 본 적이 없습니다."

"더더욱 함께 자리를 한 것 정말이지 처음입니다."

"친구가 오늘 좋은 곳에 간다 해서 친구 따라 강남도 간다는데 까짓것 강남은 못 가더라도 시내 빵집쯤이야 생각하며 따라왔습니다."

"와서 보니 여러분을 만나게 되었습니다."

"조금 전까지 당황했습니다만"

"지금 아주 잘했다 생각합니다."

"왜냐하면"

"다섯 분 모두가 미녀이기 때문입니다."

"자주 만나기를 바랍니다." 모자를 벗고 머리를 깊숙이 숙이는 것이다.

설이는 당황하면서도 성웅이 언제 저렇게 대담하게 말을

잘할 줄은 꿈에도 생각하지 못했다. 조금도 당황하지 않고 주위를 압도하듯 무게 있게 말을 하는지 아주 대단하다 느끼며 또 다른 성웅의 진면목을 보는 것이었다. 남학생이 인사를 마치자 여학생 대표가 말을 이어간다.

"우리들 인사 차례입니다만 앉은 자리에서 인사하겠습니다." 까닥 고개를 숙이며

"여러분이 좋은 얘기 많이 하셨으므로 저는 생략하겠습니다."

"K여고 3학년 정영주입니다."

"만나서 반갑습니다."

"잘 부탁드립니다." 그리고 다시 고개를 숙이며 인사를 마친다. 그리고 다음다음 또 다음 똑같이 인사를 했다.

설이 차례가 왔다. 설이는 떨리는 음성으로 기어들어가는 목소리로 힐끔 성웅을 본다.

"K여고 3학년 성은 온전 전자 이름은 눈 설자를 쓰는 전설(全雪) 입니다."

"반갑습니다." 하고 고개를 숙인다. 인사를 마치자마자 남학생 하나가 일어나더니

"그 이름 한 번 멋집니다." 하면서

"전설이라, 어디 텔레비전 연속극이나 주말 전설(傳說)의 고향 프로그램 이름과 같다"며 쩝쩝 입맛을 다시며 한 번 더

"전설이라 그 아주 멋집니다." 한다. 그러고선

"악수 한번 합시다." 하면서 손을 쑥 내밀고 설이 손을 감출

사이도 없이 오른손을 덥석 잡고 흔드는 것이다. 그러니 남학생들은 다들 웃으면서 한 남학생이 그림 한 번 좋다 하니까 다들 손뼉을 치는 것이다. 설이는 당황해서 어쩔 줄 몰라 하면서 잡힌 손을 빼지도 못하고 고개를 숙이고 아이참 만을 연발한다. 그러다 그 학생은 잡은 손을 조용히 놓아주면서

"잘 부탁합니다." 하고 고개를 숙이고 인사를 하는 것이다. 다른 여학생들의 표정은 의아해하면서 썩 좋은 얼굴들은 아니었다. 아닌 밤중에 홍두깨라 이 일로 설이는 하루아침에 여러 친구들 앞에 히로인(heroine)이 된 것이다.

전설(全雪), 당시에는 그리 흔치 않은 이름이다. 여자 이름은 다들 자야 아니면 희야 아니면 숙이며 옥이다. 그 이전에는 갓난이 순득이 점순이 에서 일제 강점기를 거치면서 노리꼬, 도모꼬, 하꾸꼬 등 일본인을 닮아서 그러한지 자야는 여자 애들 이름으로 한결같았다. 그러한 시대상이었는데 아닌 이야기로 난데없이 눈 설(雪)자란 생소한 이름이 튀어나왔으니 설이의 아버지가 미래를 보는 혜안을 가지신 걸까 아니면 작명을 하다 보니 우연의 일치인가? 이름도 특이한데 얼굴 또한 그 이름에 걸맞게 다섯 가운데 당연 돋보인다.

적이 한 시간 가량 재잘재잘 왁자지껄 시답잖은 이야기도 또 무게 있는 이야기도 하면서 시간을 보내었다. 다음 달에는 안지랑 골에서 만나 안일사로 등산 겸 나들이하기로 약속을 하고 헤어졌다. 초겨울 대학입시도 며칠 남지 않은 날들

이지만 머리도 식힐 겸 그동안의 입시 방향이나 정보들을 주고받을 겸 만나기로 약속하고 헤어졌다. 서로가 헤어질 때 만날 때까지 다들 열심히 공부하는 것은 물론이거니와 설이의 손을 잡고 흔들던 남학생은 한 번 더 자기 이름이 김상준입니다 하고서는 악수를 청하면서 윙크까지 하는 것이다. 한 마디로 말해서 여학생 다섯 가운데 김상준 이라는 그 남학생은 설이에게 한눈에 뿅 갔다.

설이의 모습은 흰 피부에 갸름하면서도 청초한 얼굴형으로 눈썹이 짙고 머리카락은 곧으며 교복 안의 앞가슴이 부풀어 올라 터질 것 같은 볼륨은 양손을 오므려서 가지고 가 덮어 보면 내 손안에 꼭 끼어 팔딱팔딱 뛸 것 같은 강한 유혹을 느낄 정도이다. 그리고 쫙 빠진 다리는 시세 말로 팔등신 여학생이라 해도 과찬은 아니다. 김상준 학생의 평지돌출의 발언이지만 있을 법한 일이다.

빵집을 나와서 설이는 시계를 보았다. 혹 기차 시간에 쫓기면 어쩌나 하는 마음에서. 기차 시간은 아직도 얼마간 여유가 있었다. 다른 곳으로 갈 정도는 아니므로 친구들과 내일 학교에서 만나자 인사를 하고 멀지 않은 역을 향하여 혼자 천천히 걸었다. 아직 차 탈 시간은 넉넉하다. 한참을 걸어왔다. 뒤에서 뛰어오는 발자국 소리가 들리더니 옆으로 다가와 오른편 소매를 잡는다. 고개를 돌려보니 헐레벌떡 가쁜 숨을 몰아쉬며 치아가 고운 성웅이 흰 이를 드러내며 웃으며 본다. 숨을 몰아쉬며 잠깐 뜸을 들이더니 성웅이 입을 연다.

"야! 서라(설아) 빵집에서 너와 헤어지고 나서 친구들과 같이 걷다 어디 잠깐 들릴 곳이 있다 말을 하고 너를 보려고 뛰어왔다."

설이는 아무 말도 하지 않고 성웅을 본다.

"아마 너(네)가 역으로 갔을 것 같아 이렇게 뛰어왔더니 내 짐작이 맞았다." 그제야 설이가 입을 연다.

"나는 기차 타러 가는데 너 어디 고향에라도 갈라 카나."

"아이다 나는 니(너) 볼라고(보려고) 이래 안 뛰어왔나."

"기특 하제"

"그렇다 카마 여기 뽀뽀해주라."

능청스럽게 왼쪽 엄지손가락으로 자기 뺨을 툭툭 두세 번 때리며 왼쪽 뺨을 내민다. 설이는 성웅을 보지도 않고 오른쪽 팔을 저으며

"아이코 이 종내기(사내아이) 징그럽다. 마 치워뿌라(치워버려라)."

"그라고(그리고) 니(네) 대구 있디(있더니) 디기(많이) 능글맞아졌다."

"니(너)가 와 그래덴노(그렇게 되었나)?"

"니(너) 어디 아푸나(아프나)? 설이는 못 마땅한 얼굴이다.

인도와 차도 구분이 확실한 오가는 사람이 많은 곳이다. 더구나 백화점이 가까운 곳이니 지나다니는 사람이 많다. 어떤

행인은 걸어가면서 둘을 보면서 학생인 자들이 뭘 하느냐? 이상한 눈으로 힐금 쳐다본다. 아주 못마땅한 얼굴을 하고는 지나간다. 설이는 걸어가면서 또 시계를 본다. 아직 차를 타려면 1시간 정도 여유가 있다. 지금 여기서 역까지 소요시간은 10분이면 충분한 거리이다.

성웅은 음음 입 다시는 소리를 하며 목소리를 가다듬으며 시계를 보는 설이를 보면서 정색을 한다.

"서라(설아) 어디 조용한 곳에 가서 이야기 좀 하자."

"그라고 이렇게 만난 것이 얼마 만이고. 아마 너하고 이야기하라고 신이 만들어준 기회인 것 같다."

그러나 설이는 앞으로 걸어가면서 성웅이 말을 하는데도 아무 대꾸도 없다. 성웅은 앞을 보면서 걸어가는 설이의 모습에서 한 성숙한 여인을 본다. 교복을 벗고 원피스나 투피스를 입고 하이힐을 신으면 어느 누구도 학생으로 보는 사람은 아마 없을 것이다. 옆에서 걸어가면서 설이의 가슴을 본다. 더욱 검은 교복 안에 감추어진 볼록한 젖은 양 가슴 가운데 우뚝하다. 옷이 속 안이 좁은 듯 탱탱한 것이 나 여기 있소 하면서 비집고 뛰어나올 것 같은 착각마저 든다. 저 가슴에 자신의 손을 가만히 가져가 올려놓는다. 내 손바닥 안이 꽉 찰 것 같다. 아니 내 손바닥 크기가 아무래도 부족할 것 같다. 온몸에 전율을 느끼며 짜릿해지면서 황홀경에 빠진다. 혼자 자기도 모르게 상상만으로 씩 웃는다.

설이가 언제 저렇게 컸나? 이젠 완전한 한 성숙한 여인이다. 퍼떡 스쳐 지나가는 생각은 자기는 도저히 설이의 상대가 되지 않는다는 것이다. 같이 서 있으면 명색이 남자인 자기와 설이는 높이가 같다. 고등학교를 졸업하고 사회인이 되어 하이힐을 신고 나타나면 자기보다 반 뼘은 더 클 것이다. 자기도 모르게 위축되는 자신을 발견한다. 먼 후일 세월 흘러 어느 날 함께 걸어가면 지나다니는 사람들이 보고 흔하지 않은 풍경에 어쩌면 수군거릴 것이다.

곤충 중에는 암놈이 수놈보다 큰 것을 비교하면서 자신의 작은 키에 대한 열등감이 가슴속에 웅크린다. 어쩌거나 동물들은 수놈이 암놈보다 크다. 그 큰 이유는 아무래도 암놈이 낳으면 키우는 몫은 아마 수놈의 차지일 것 때문은 아닐까? 그런데 메뚜기나 나비를 보면 아니 곤충을 보면 암놈 위에 앉은 수놈이 그냥 얹혀있는 것 같은 생각이 들 때도 있다. 꼭 어미가 자기 새끼를 등에 업고 가는 형국이다. 이는 내가 잘못 본 착각에서일까? 아니면 또 다른 이유가 있는 걸까? 이것저것 생각하다 보니 짜릿한 생각은 한순간에 없어지고 그러다 깜짝 놀란다. 내가 대체 무슨 생각을 하는 것이야 머리를 절래 흔든다. 이러면 안 되는데 정신을 가다듬는다. 오른손으로 가만히 뺨을 살짝 때리고는 정신을 차린다. 그러고 나서 왼손으로 살짝 설이의 왼팔의 소매를 잡는다. 그때 마침 길가 골목에 수형당 빵집이 보인다. 성웅은 작은 목소리로

“설아! 저기 봐라.” 설이가 앞을 본다.

“저기 수형당 빵집에 들어가 다리도 쉴 겸 이야기 좀 하자.” 잡은 소매를 당기면서 빵집 앞으로 발길을 옮긴다. 설이는 뒤를 따라 발길을 옮긴다. 무언의 동의를 한다.

아직 저녁때가 되지 않아서인지 손님이 없다. 한 테이블에 젊은 남녀 한 쌍이 앉아 무엇인가 얘기를 한다. 남자는 모자를 썼고 여자는 파마머리에 조금은 긴 귀걸이가 한층 여자를 돋보이게 한다. 역시 치장을 한다는 것은 아름다운 일이며 아름다움을 보여줌으로써 남을 즐겁게 하니까 좋은 일임에 틀림이 없다.

여자가 화장을 한다는 것은 자신의 얼굴을 아름답게 하는 것이 되겠지만 결과적으로 보는 사람들에게 즐거움을 주는 것일 수도 있다는 생각은 벽에 걸려있는 하나의 좋은 훌륭한 아름다운 그림을 보는 것과 다름이 없다는 생각을 가져본다. 둘은 창가 의자에 마주 앉는다. 아주머니가 컵과 물이 든 병을 들고 물을 따르면서 무얼 주문하겠느냐? 며 묻는다. 빵집에서 먹은 것이 있어 배는 고프지 않지만 자리 값으로 라도 무엇이라도 먹어야 한다.

“아주머니 팥빵 두 개하고 도넛 두 개 우유 두 잔을 주세요.” 성웅이 물을 조금 마시다 말고 설이를 빤히 쳐다보면서 묻는다.

“니(네) 우애 된 기고(것인가)?” 짐짓 모르는 척하면서 설이가 반문한다.

“뭐 말이고?” 성웅은 조금은 성이 난 얼굴을 하고

“니(네) 몰라서 묻나?”

“그 자리에 우째(어떻게) 나 왔노(참석했나)? 말이다” 설이의 말을 받아

“와 나는 그 자리에 나가면 안 되나?”

“그런 말이 아니라는 것 니(네)가 더 잘 안아나?” 말씨름이다. 둘은 앉은 자리에서 시답잖은 이야기만 하다 설이는 차 시간이 되었다며 일어나 별다른 이야기도 하지 못하고 다음에 보자며 헤어졌다.

6. 회상

성웅은 언젠가 집에 다니러 왔다. 보통 토요일에 와서 속옷 빨래며 고모 에 드려야 할 나물이며 능금이며 여러 가지 가져갈 것도 있고 하여 일요일에 열차를 탄다. 그래야만 월요일에 등교를 할 수 있기 때문인데 그날은 월요일 아침 통근 열차로 대구에 가는 길이다. 별로 가져갈 것도 없고 하여 가방만 가지고 바로 학교에 가면 된다고 부모님께 말씀드렸지만 이는 핑계이고 이번 고향 방문에는 억지로라도 우연을 가장해서 설이를 만나고 싶어서 혼자 연극을 했다. 조금 일찍 집을 나와 설이 집 앞에서 설이가 나오기를 한참을 기다렸다. 그날따라 차 시간이 임박해서야 설이가 책가방을 들고 나온다.

탱자나무 뒤에 숨어 있다가 설이가 나오는 것을 보고 방금 온 것 같이 헐레벌떡 뛰어오면서 설아 오랜만이다 하면서 뛰어가는 설이의 책가방을 낚아채서 어깨에 척 하니 걸쳐 얹고는

"야! 차 시간 늦겠다."면서 먼저 앞서 달려간다. 앞서 저만치 가다 후 한숨을 토하고는 뛰어오는 설이를 기다리며 천천히 걷는다. 몇 발자국 뛰어 옆에 와 걷는 설이가 보조를 맞춘다. 달리듯 걷는 두 사람은 숨을 몰아쉬면서 이야기를 나눈다. 설이가 먼저 입을 연다.

"니(네) 언제 왔다 가는데?" 성웅이 대답한다.

"토요일 안 왔나." 다시 설이가 묻는다.

"니(네) 공부 디기(열심히) 한다 카던데(말하던데) 공부는 안 하고 우애 왔노(어떻게 왔느냐)?"

성웅은 한숨을 쉬며 생각한다. 한다고 해도 성적은 오르지 않고 집에서는 기대가 엄청 크고 요즘 같아서는 미칠 것 같다. 이젠 얼마 남지 않은 입학시험 어느 대학을 갈 것인가? 성적에 맞춰 진학상담도 해야 하는데 지금 성적으로 서울 일류 대학을 간다 하기엔 턱없이 모자라는 점수다. 담임선생님은 머리를 쥐어박으며 이래가지고는 서울 아니라 똥통 대학도 못가겠다 하실 것이 분명하다. 그러니 설이의 니(너) 디기(많이) 공부 열심히 한다던데 하는 말에 대답할 말을 잃었다. 성웅은 어물쩍 말을 돌린다.

"야, 공부 얘기는 그만하고 우리 오랜만에 만났는데 데이

트나 머 그런 얘기 좀 하자 머리도 식힐 겸.”

“그라마(그러면) 니(너)부터 먼저 얘기해 봐라. 언젠가 니(너)는 사귀는 여학생이 있다고 안켔나(안했나).”

성웅은 솔직히 다른 여학생을 만나려고 생각한 적이 한 번도 없었다. 언제부터인가 설이가 자기를 쌀쌀맞게 대하고 어떤 때는 거들떠보지도 않는 것 같아 많이 섭섭하였다. 그래서 만나면 일부로 여학생 이야기도 하고 여학생을 여럿 만나는 듯 내가 이렇게 인기가 있으니 너도 나에게 관심을 가지라는 뜻으로 거드름을 피우기도 했다. 그러면 설이는 언제나 나는 남학생에 대해 관심이 없다며 고고한 척 더 높은 더 큰 뜻을 가진 양 도도해지는 것이다.

그러한 설이가 지난번 미팅에 나와 만났으니 당연히 놀랄 일 아닌가? 하는 물음인데 설이의 대답이

“와 나는 그 자리에 나가면 안 되나” 하며 반문하니 성웅은 할 말이 없어진다. 열차를 타러 가는 길지 않은 시간동안도 이야기다운 이야기는 하지 못하고 입씨름을 하다 보니 역에 도착했다. 보는 눈도 있고 서로 아는 친구들도 만나 자연스럽게 헤어져 각자 학교로 향한다.

7. 지난 이야기

지난해 여름 방학(고 2학년)(61년 7월 동기) 때 일이다. 첫 국민학교 동기생 모임이 있었다. 여럿 친구들이 왔었다. 객지

에 사는 친구들도 서울에서 부산에서 먼 길 마다 않고 찾아왔다. 그중에서 대구에 사는 친구들이 제일 많이 참석했다. 물론 고향에 농사지으면서 사는 친구들이 제일 많지만 고향 친구들은 제외하고 190여 명 졸업생 중에 예순 대여섯 명이 참석했다. 물론 성웅이도 설이도 참석했다. 교실 한 칸을 빌려 동기회를 창설하고 회장 부회장을 뽑았고 회장이 남녀 각1명의 총무를 지명하도록 하여 남녀 총무 둘을 지명하였다.

회장은 대구에서 일류라는 S고등학교 다니는 윤군을 뽑았다. 초등학교 때도 공부를 곧잘 했으며 운동도 잘했다. 특히 평행봉과 철봉은 특히 잘했다. 훤칠한 키에 미남자로 나무랄 데 없는 친구이다. 부회장은 그래도 고향을 지키는 친구 중에 뽑아야 한다고 공부는 잘했지만 가정 형편이 어려워 고향에서 농사를 짓는 얌전하고 키가 나지막한 친구를 뽑았다. 뽑고 보니 장다리와 단 다리다. 당선 인사를 하는데 둘을 보고 모두 저렇게 잘 맞는 팀워크 또한 본 적 없다면서 모두 박장대소(拍掌大笑)를 하였다.

그날 회장이 남자 총무와 여자 총무를 지명했다. 여자 총무로 설이를 지명했다. 물론 여러 번 거절하였으나 동기생 모두가 완강히 받아들이기를 강요하여 총무를 맡았다. 단상 앞으로 나가서 인사도 흔히 교과서적으로 했다.

"회장의 뜻을 좇아 열심히 하겠습니다." 고개를 숙이고 자리에 돌아왔다. 물론 동기회 규약도 만들고 일사천리로 회를 마쳤다.

첫 동기회이니만큼 모두들 지난날들을 얘기하기도 하고 앞으로 살아갈 날들에 대해서 얘기하기도 하면서 서로 왔다 갔다 자리를 옮겨가면서 서로 간에 면면이 인사를 한다. 술도 조금은 맛들이며 유쾌하게 하루해를 보내고 오후 해가 질 쯤 내년을 기약하며 헤어졌다. 몇몇 마음 맞는 친구들이 뒤풀이를 했다.

뒤풀이 중에서 있었던 일이다. 당연 뒤풀이의 주인공은 회장도 아니고 부회장도 아닌 회장과 같은 S고등학교에 다니는 오석수 군이었다. 고등학생인 우리들은 정치에는 그렇게 관심이 많지 않았으나 자유당 정권의 장기 집권이 전 국민으로 하여금 정권 교체의 열망이 일어났을 때이었으므로 자연히 우리들도 선거에 관심을 가지게 되었다. 대통령 선거를 얼마 두지 않은 시점에 자유당은 이승만과 이기붕을 민주당은 조병옥과 장면을 선출하여 선거를 하도록 했다.

국민은 각자 어느 당을 지지하든 선거의 열기는 하늘을 찌를 듯 높았다. 그러던 중 대통령 선거를 한 달 앞둔 때였다. 병을 치료하기 위하여 미국에 가신 유석 조병옥 박사께서 김포공항에서 완쾌하여 돌아오겠다는 출국 인사 말씀이 국민들의 귀에서 떠나기도 전에 미국 월터리더 육군 병원에서 심장마비로 급사하셨다는 뉴스가 전해졌다. 민주화를 갈망하던 모든 국민들의 마음을 헤아려서인지 몰라도 당시 S부속고등학교 1학년에 재학생인 친구 오석수 군이 자기 친구 2명과 같이 당시 유행가인 유정 천리를 개사하여 지어 부른 노래가 장안의 화제가 되었다. 개사한 노랫말은 이러하다.

가련다. 떠나련다. 해공선생 뒤를 따라
장면박사 홀로 두고 조 박사는 떠나갔다.
가도 가도 끝이 없는 민주화 길은 몇 굽이냐
자유당에 꽃이 피고 민주당에 눈이 온다.

* 동기회 날 오군도 참석했다. 우리 모두는 이심전심으로 오군을 열렬히 환영했다. 오군이 별도로 당시의 상황은 얘기하지 않았지만 당시 유행가인 유정천리를 개사하여 불러 널리 퍼뜨린 일로 인해 정학처분을 받았다. 1960년 2. 28일 대구 민주화 운동은 그해 마산 3.15 부정 선거 규탄 의거와 4월 19일 혁명의 도화선이 된 첫 민주화 학생운동이었다. 첫 희생자가 우리들의 친구 사대부속 고등학교 오석수 군과 2명의 사대부고 학생이었다.

그 후 오군은 4 · 18일에 민주화를 위한 시가행진 중 깡패로부터 몽둥이세례를 받았고 온 세상을 놀라게 하고 떠들썩하게 했던 4 · 19 의거의 도화선이 된 고려대학교에 입학하였다. 오군은 홀어머니를 모시고 동생과 함께 자랐으며 어머니 역시 여장부이셨다. 홀로 고생하시며 아들 둘을 훌륭히 키우기 위하여 몸을 아끼지 않은 어렵던 시대 우리들 모두의 어머니셨다.

오군의 모친은 당시에는 보기 드문 인텔리 신여성이었다. 면사무소 보건소 등에 근무하셨으며 자식의 교육을 위해서는 자기 한 몸도 불사르는 억척스런 면이 없지 않았다. 오군은 초등학교 때부터 공부를 잘했다. 언제나 반에서는 1등을 놓친 적이 없었다. 외모도 깔끔하고 키도 무척 컸다. 고등학교에 진학하고부터는 더욱 키가 쑥쑥 자랐다. 훤칠한 키와 미남으로 좋은 인상을 가졌던 오군은 당시 우리들의 우상이었다. 단지 하나의 흠이라면 아버지가 계시지 않으며 집이 잘사는 편은 아니라는 것이다. 아버지가 계시지 않은 것이나 집이 잘살지 않은 것은 둘 다 오군으로서는 책임을 져야 할 일은 아닌 만큼 흠이라 말하기는 무리가 따르는 것이다.

8. 취기

돈도 없었지만 학생들이 많았으므로 술집이나 다른 곳은 갈 수 없었다. 중국집에서 일이다. 그래도 탕수육이며 몇 가지 음식을 시켜놓고 맥주와 소주로 또 먹지 않는 친구는 사이다나 콜라로 주거니 받거니 하다 보니 약간 취기가 올랐다. 그때 설이도 성웅이도 함께 한자리하고 있었다. 설이에게 잔을 권하는 성웅의 몸가짐은 많이 흐트러져 있었다. 성웅은 세월 사이사이 설이를 생각하지 않은 것 같았는데 이렇게 만나고 보니 너무 많이 생각하고 있었던 것 같았다. 언제부터인가 서로 만나지 않았지만 말이다. 능금나무 밑에서 깨금발로 볼일을 휘저으면서 보던 그 일이 있고 난 후 설이는 성웅을 피하고 그러다 보니 성웅이도 지가 뭔데 하면서 무슨 일인지도 모르고 토라졌다. 그 후는 생각지도 말자며 만나지 않았다. 설이가 자기를 피한 이유를 알지 못하는 성웅은 그저 자기가 싫어서일 것이다 생각하며 스스로 설이를 피하였다. 세월 사이에 길 가다 우연히 또는 통근 차 안에서 생각지도 않을 때 스쳐 지나가는 얼굴로 만났을 때도 별일 없지 하는 인사 정도의 말 물음뿐 그다음 이어지는 말들은 아예 없었다. 성웅이 다리를 다쳐 깁스했을 때와 집에 다니러 왔을 때 계획적으로 아침에 만났던 일 외는 설이를 만난 기억은 거의 없었다. 그러다 보니 오늘 동기회의 만남은 모처럼 만남이며 여러 친구들 틈에서 어쩌면 마음 놓고 이야기 할 수 있는 기회이기도 하였다. 서먹서먹한 가운데 설이에게 술잔을 권한다. 잔을 받아 입에 대었다가 놓을 것이라 생각하며 받기는 받을 것이라 생각했다. 아니 오늘도 술기운이 없었다면 잔을 권하기는커녕(도리어) 너 언제 봤는데 하면서 인사 정도로 끝냈을 것인지도 모른다.

"설아 오랜만이다. 술 한잔 해라." 손을 내밀고 잔을 준다.

성웅은 설이에게 마음에 있었지만 스스로 그 마음의 문을 닫았다. 좋아한 것은 아마 초등학교 때부터였을 것이다. 아니 엄격하게 말해서 그 이전부터였을 것이다. 그때는 확실한 이성의 눈으로 설이를 좋아하였는지는 모르지만 그 이성이 무엇인지도 모를 때이다 보니 나와는 다른 어떤 구체성 없는 어울려 노는 동무로이였을 것이다. 그 후 초등학교 때 성웅이 과수원에서 오줌을 휘갈기고 나서 설이가 무엇을 느끼며 멀리하여 서로 멀어지고서는(다투거나 한 적도 없다. 둘 다 싫다고 말한 적은 더더욱 없다.) 오늘 처음이다. 다른 어느 누구에게도 잔을 주지 않고 다정한 말로 설이에게 먼저 잔을 주었다.

"나 술 못 먹어." 하면서 권하는 잔을 받으려 하지 않고 성웅의 손을 슬쩍 민다. 본인 생각에는 잔을 받아 조금만 입에 대었다가 탁자 위에 놓아도 되는데 생각하니 자신을 무시하는 행동이라 여겨 한 번 더 잔을 준다. 약간 음성이 높아진다.

"야는 나 못 먹는다니까." 이 말에 화가 났다. 다시 대꾸한다.

"전에 먹었잖아." 하면서 다시 술잔을 준다.

설이는 술 먹는 것을 본 적 없으면서 지레짐작으로 그럴 것이다 유추하여 해서는 안 될 말을 한다.

"누구에게 잘 보이려 그러니 빼기는."

이제는 잔에다 가득 한잔을 부어서는 잔을 들고 다시 설이 입으로 가져간다. 이런 말을 하는 것은 아닌데 불쑥 생각지도 않은 말이 튀어나왔다. 정말 생각도 못한 말이다. 속으로 금방 후회한다. 내가 왜 이러지? 자신이 생각해도 이런 말을 꿈에도 해본 적 없는 말이다. 다시 설이가 언성을 조금 더 높인다.

"얘가 못 먹는다는데." 하면서 잔을 밀며 거절한다는 것이 떨어져 옆에 앉은 다른 여자동기생 치마에 떨어져 온통 적시고 말았다. 성웅은 설이가 마음에 있어 가장 먼저 술을 권한 것인데 자기 마음도 모르고 매정하게 다른 친구들 보는 앞에서 술잔을 퉁기는 꼴이 되고 보니 기분이 많이 상했다. 또 마음에도 없는 말이 툭 튀어나온다.

"가시나 안 받으면 됐지. 왜 잔은 떨주노(떨어뜨리느냐)?" 하면서 그 음성이 짜증스러운 말투다. 그러자 앉아있던 설이가 슬그머니 일어나서

"나 화장실에 간다." 하고는 밖으로 나가 그길로 들어오지 않았다.

원래 남자아이들은 마음에 드는 여자아이가 있으면 집적이며 괴롭힌다. 여자아이 입장에서 보면 이게 아닌데 왜? 재가 나를 괴롭혀 내가 미운가? 의심의 눈초리를 보낸다. 여자아이는 사실은 좋다는 또 다른 표현을 모르고 토라지는 것이다.

조금은 어수선한 가운데 회장이 장내를 잘 정리하고 2차 뒤풀이도 끝내고 아무 사고 없이 헤어졌다. 서로 등을 두드려주며 학생들은 서로 열심히 공부할 것을 다짐하기도 하고 직업 일선에서 뛰는 친구들에게는 더 나은 내일이 있기를 서로 격려하며 헤어졌다. 많은 친구들은 아무도 설이와 성웅의 티격태격하는 것을 눈치 채지 못했다.

성웅은 술이 약해서 그러한지 얼마 먹은 것도 아닌데 자신의 행동이 자기 딴에는 설이를 생각한다고 한 행동인데 설이에게 누가 된 행위가 되고 말았다. 이게 내 본심은 아닌데 생각이 들었다. 설이가 말 한마디 없이 가버리고 여럿 친구들과는 인사도 제대로 하지 못하고 헤어졌다. 혼자 낮은 다리를 건너 집으로 가면서 도저히 이대로 설이와 헤어져서는 안 된다는 생각이 들었다. 조금 오른 취기가 집으로 가는 길에

술 먹은 마음은 설이네 집에 들렀다 가라 이런다. 만나서 해명을 해야겠다고 작정을 하고 얼기설기 얽긴 설이 집 대문 같지 않은 대문을 밀치고 마당으로 들어갔다.

으흠! 으흠! 서너 번 잔기침을 하며

"아주머니 계세요?" 하고 인기척을 낸다. 안에서는 아무른 대답이 없다. 한 번 더 조금 더 큰 소리로

"아주머니 계십니까?" 하니 작은방에서 방문이 열리며 설이가 얼굴을 내민다. 성웅을 보면서 조금은 의아해한 표정을 지으면서 신을 신고 마당을 내려온다. 어깨를 위로 올리며 양손을 바지 주머니에 찔러 넣으면서 다짜고짜로 한다는 말이

"니(너) 우애 왔노(어떻게 왔느냐)?" 쏘아붙이듯 말을 한다.

성웅은 슬그머니 화가 나는 것이다. 잔뜩 눈에 힘을 주면서 설이를 노려본다.(어두워서 설이는 노려보는지도 모른다.)

"가시나 손님이 왔으면 어디 들어가 앉으라든지 해야 할 것이지."

"우애 왔노가 머꼬(어떻게 왔느냐가 무엇이고)?"

"니(너) 마 확 죽일까 보다.(죽여 버릴까)?

성웅은 조금 먹은 술이지만 평소 먹지 않았던 술기운을 빌려서 이렇게 말을 하는 것이다. 설이는 할 말을 잃은 것인지 아무 말도 하지 않고 과수원 안으로 들어간다. 앞장서 가는 것은 성웅이 따라 들어오라는 무언의 신호인 것이다.

집 뒤 큰 능금나무 아래 언제 적같이 둥근 작은 탁자가 놓

여있고 어설픈 의자 두 개가 탁자를 가운데 두고 마주 보고 놓여있다. 설이가 먼저 의자에 앉는다. 그리고 성웅이 보고 앉으라는 듯 바지에 넣었던 손을 빼면서 의자를 가리킨다. 다시 한번 성웅을 보면서 설이가 먼저 입을 연다. 또 한다는 말이 듣기 싫은 쉰 목소리로

"와 왔노(왜 왔느냐)?" 하고 묻는다. 성웅은 듣기 아주 거북한 말이지만 꾹 참으면서

"니(너)하고 얘기 좀 하려고 안 왔나."

성웅이 말을 마치자마자 성웅의 말이 땅에 떨어지면 흙 묻을까 겁이 나는지 조금도 쉬지 않고

"그래 무슨 얘기 할라꼬(하려고)?" 쉬지 않고 다시

"어디 한 번 해봐라." 한다.

성웅은 조금은 진정된 마음이 된다. 지금부터는 잘 이야기해야 되겠다는 마음으로 스스로 자세를 가다듬으며 말을 시작한다.

"조금 전에는 미안했다."

"아니 내가 잘못했다."

"나는 나대로 니(너)를 잘 안다고 생각하고 또 다른 어떤 누구보다도 먼저 잔을 주고 싶었다."

"어른 흉내를 내는 것도 안다."

"고등학생이 무슨 술을 먹느냐? 나무라면 할 말 없다만은

(우리들이야 고등학생이지만 그때만 해도 해방된 지도 얼

마 지나지 않은 시점이고 더욱 6 · 25 한국동란 이후 다들 어려운 시절이었다. 정상적인 연령에 학교 들어가는 아이들도 물론 있었지만 그렇지 못하고 한두 살 많은 심지어는 다섯 여섯 살이 많은 늦깎이 초등학생도 많이 있었다. 심지어는 초등학교 졸업하자마자 장가드는 코를 질질 흘리는 새신랑이 된 동기생도 없지 않았다.)

"나는 니(너)가 잔을 받으면 아주 조금 따라주고 다른 친구에게 잔을 돌리려 생각했다."

"그런 내 마음도 모르고 니(너)가 잔을 밀쳐 나도 모르게 화가 났다."

"그래도 어떻든 내가 잘못했다. 미안하다." 한 번 더 사과한다.

"이 말 하고 싶어서 왔다."

그때까지도 설이는 듣기만 하고 아무 말도 하지 않았다. 가만히 생각해 본다. 내가 뭐라고 지는 한껏 나를 생각한다고 한 행동인데 매몰차게 한 것 같기도 하다. 또 아무 말도 하지 않고 화장실 간다며 나와 버렸으니 당황하기도 하고 다른 친구들에게 미안하기도 했을 것이다 생각하니 슬그머니 성웅이 불쌍해 보이기도 하고 미안한 마음이 생긴다. 이를 어쩌지 이제 와서 지가 사과하는데 아니라며 내가 또 사과하기는 쑥스럽고 이럴 때 생각지도 않은 말이 불쑥 튀어나온다.

"그런데 와 내한테 먼저 술잔을 줄라 캤노?"

"니(너)는 나를 잘 안다고 생각해서 줄라 켔다 켔지만(주려고 했다 했지만) 그것 뿌이가(밖에 없느냐)?

"솔직히 한번 말해봐라" 성웅에게 다그친다.

성웅은 어두운 밤이지만 설이가 자기를 빠금히(또렷하게) 마음을 읽고 들여다보는 것 같았다. 생각지도 않은 설이의 정곡을 찌르는 질문에 당황하면서 저 가시나가 내가 지 좋다고 이제는 고백하라는 말 아이가 여기까지 생각이 미친다.

중학교 때는 잘 몰랐지만 고등학교 진학하고부터는 여학생에 대해 관심도 많아졌고 또 고모집에서 하숙하면서 이웃에 아침저녁으로 등하교 길에 여럿 여학생을 본다. 어떤 때는 지나치다 만나는 옆집 여학생이 먼저 말을 걸어오기도 하였다. 그럴 때는 의례히 몇 마디 이야기를 함께 나누면서 버스 정류장으로 걸어가다 보면 이상하게도 여학생 얼굴 뒤에 설이가 웃는 모습이 보인다. 자신도 모르는 사이에 머리를 절레절레 흔든다. 같이 걷던 여학생이 아무 이유도 없이 머리 흔드는 자기를 보고

"어디 머리 아프세요?" 물을 때도 있었다. 그러면 팔을 흔들며 당황해서

"아 아니 아닙니다."

"무얼 조금 생각한다고." 어물쩍 둘러댈 때도 있었다.

그러고 보니 자기 생활 속에 설이가 자주 자기 마음 가운데 자리한 것은 어제오늘이 아니라는 생각이 든다. 오늘만 해도

그렇다. 자기가 설이를 깊이 생각하는 마음이 없었다면 술잔을 먼저 권할 일도 없고 또 술잔을 안 받았다 해도 그렇게 성낼 일도 아닌데 잔을 받기를 강요해서 결국 밀치게 하여 떨어뜨려 다른 여학생의 치마를 젖게 한 것이다.

내가 설이를 좋아한 것이다. 가만히 생각해 보니 여학생을 보면 언제나 설이와 비교를 하고는 설이가 더 예쁘고 키도 크고 볼륨도 있고 긴 머리며 훤칠하다, 공부도 잘하고 설이 같은 여학생은 없다 생각했다. 하숙방에는 예쁜 여배우 사진이 있는 달력이 벽에 걸려 있다. 성웅은 어느 날 그 예쁜 여자의 얼굴이 설이 같다는 마음을 떨쳐 버릴 수가 없었다. 달력에 이렇게 적어 놓았다.

'그대 몸은 고향 하늘 아래 있지만 그대 마음은 지금 내 방 벽 한가운데 떡하니 자리하고 웃으면서 언제나 나를 보고 있습니다. 나 그대를 보듯 이 사진을 봅니다.'

조그마한 글씨로 남이 알아보지 못하게 이 모서리 저 모서리 띄엄띄엄 적어놓아 본인이 아니면 알 수 없는 암호인 양 자기 자신에게 다짐하듯 적어 놓았다.

이 말을 지금 이 자리에서 하나 어쩌나 성웅은 고개를 숙이고 고민한다. 묵직한 한여름 뜨거운 밤바람이 말을 하라 이르는 듯 소매 끝을 흔들어 놓고 지나간다. 하늘 가운데 희끄무레 달은 과수원 여기저기를 비춘다. 땅바닥에 그림자가 된 나뭇가지들이 널려있고 한 뭉치 구름이 지나갈 때마다 그림자를 삼키듯 토해내듯 땅에 있던 나무가 있다가 없어진다. 가끔 이름 모르는 벌레의 울음인지 웃음인지는 모르지만 소리가 간헐적으로 귀를 건드린다.

지금이 기회인 것 같기도 하고 아닌 것 같기도 하다. 아니 자신에게 한 번 더 물어본다. 정확히 자신이 설이를 좋아하는지 확신이 선 다음에 말하는 것이 순서라 생각된다. 말을 할까? 아니 말까? 머뭇거린다. 목구멍까지 입 밖으로 나오는 말을 억누르며 꿀꺽 긴 한숨과 함께 집어 삼킨다.

"다른 뭐가 있겠나. 옛날부터 니(너)하고 소꿉놀이도 하고 정도 들고 했어 그랬다."

"그라고 오늘저녁 때 일로 괜히 네가 오해를 할까 싶어 이렇게 안 왔나."

"내가 잘못했다. 미안하다. 이렇게 사과한다."

"잊어 뿌라(버려라)."

이렇게 말을 마치고는 성웅은 설이가 대답할 틈을 주지 않고 "그라마 간대이(그러면 내 간다)." 하고 등을 돌려 얼기설기 엮여있는 문을 열고 밖으로 나온다. 무더위에 알게 모르게 이마에 흐르던 땀방울을 식히려는지 한 줄금 바람이 스치며 지나간다. 잠깐 동안 잠을 깨우듯 피부에 닿는 조금은 서늘한 기운은 묵은 체증을 내려놓은 듯하다. 설이는 뜬금없다. 성웅이 무엇인가 하고 싶은 이야기가 있는 것 같기도 한데 그냥 일어나서 가는 것을 보니 없는 것 같기도 하다. 자기 마음 한구석에는 자(성웅이)가 무언가 얘기를 하라며 기다린 것은 아닐까? 자기 마음을 자기도 알지 못한다. 소꿉친구로 지나온 세월에 대한 아쉬움은 같은 것일까?

9. 대학진학

고등학교 마지막 겨울 방학을 며칠 앞둔 어느 날 설이에게는 말 못할 일이 일어났다. 이번 방학 때에 그간 못한 공부를 열심히 하여 보충하려고 또 대학 진학을 위해서는 이 마지막 겨울 방학은 무엇보다 중요하다. 방학 동안 대구에서 도서관에 다니려고 11월까지 끝나는 패스포트(passport)를 12월에서 내년 2월까지 3개월 재신청하려고 어머니께 말씀드렸다.

"어머니 패스포트 끊으려는데 돈 좀 주세요." 설이의 얘기를 들으시고는 어머니는 짧게

"알았다." 하시고는 언제나 같이 오빠에게 말을 하고 받아 주시겠지 생각했는데, 다음날이 되어도 하루가 더 지나 그 다음 날에도 아무 말씀 없으셨다. 화도 나고 해서 어머니에게 대들듯

"엄마 내 패스포트 값 안 주세요?" 무척 높은 목소리로 말씀드렸다. 어머니께서는 한숨을 쉬시며 이젠 난 모른다 하시면서

"니(너) 오빠에게 말해 타거라" 하신다.

언제나 설이는 필요한 돈을 달라고 말할 때는 어머니에게 말씀드리면 어떻게든 어머니 돈을 주시든지 아니면 대신 오

빠에게 말을 하고 받아 설이에게 주곤 했었다. 지금까지는 오빠에게 말씀드린 일은 전혀 없었다. 그런데 통학생이 패스보트를 신청하는 것은 당연한 일인데 전에 없이 오빠에게 말하라는 것이다.

"엄마! 무엇 때문에 그래요." 어머니께 다시 물어봐도 어머니는

"나는 이젠 모른다." 하시면서 다시 길게 한숨을 쉬시며

"니(너) 오빠에게 말해서 타거라." 같은 말씀을 계속 하신다. 무슨 말씀을 하실 만한데 어머니는 전혀 입을 여시지 않으신다. 엄마에게 돈을 주십시오 하는 것과 오빠에게 돈을 주십시오는 같은 말인데 하는 것은 천양지차가 있음을 지금 확실히 느꼈다.

엄마에게는 필요할 때 언제라도 밤이든 낮이든 오늘 말씀드리고 나서 잊어버렸다며 내일 또 말씀드려도 별로 죄송한 마음도 없었고 엄마는 언제나 달라면 주시는 분으로 믿고 또 알고 있었는데 처음 오빠에게 돈을 달라 말하는 것이 이렇게 어려운 줄 예전에 미처 몰랐다. 아침저녁 눈을 마주쳐도 오빠는 아무 말씀도 하시지 않으신다.

아무 말씀 드리지 않아도 오빠가 설이야 패스포트값 여기 있다 하시면서 주실 것 같은 생각에 또 하루 더 기다렸다. 신청 시간은 다가오고 하는 수 없이

"오빠 나 패스포트 값 좀 주세요." 기어들어가는 목소리로

말씀드렸다.

그러니 기다렸다는 듯이

"앞으로 방학인데 무슨 패스포트 값이 필요하냐?" 하시면서 정색을 하시는 것이다.

"오빠 나 방학 동안에 학교 도서관에 가서 공부도 하고 참고서도 좀 보고 하려고요" 다시 말씀드렸다.

오빠는 의아한 얼굴을 하시면서 곧 방학이라 다들 노는데 무엇 하려 아무도 없는 학교에 간다는 것이냐 하시면서 공판장에 갈 일이 있어 바쁘다면서 횡하니 문을 열고 밖으로 나가신다.

설이는 된통 망치로 머리를 얻어맞은 것 같이 띵하다. 어제의 오빠가 아니란 생각이 든다. 어릴 때는 졸졸 오빠 뒤를 쫓아 면사무소까지 따라다녔다. 언제나 귀여워 해주셨고 설이 이야기라면 자기가 먹던 것까지 꺼내 주셨던 오빠이셨다.

설이는 오빠와 나이 차이가 띠 동갑에다 둘을 보태야 하니 오빠라기보다는 아빠라는 표현이 옳을 것이다. 당시에는 14살 차의 부자지간도 없지 않았으니 말이다. 심지어 어느 친구의 큰오빠와 아빠의 나이 차가 띠동갑인 경우도 있었다. 어떤 여자동기생은 자기 아버지와 큰오빠의 나이 차이가 12살밖에 나지 않았다. 그러니 아빠나 오빠가 비슷하게 보였었다. 보통 아빠 친구들이 방문하시어 오빠를 보고 너 백씨 어딜 가셨나 물으시면 아버지라고 말씀을 드리지 못하고 울상을 하고서는 긍정 아닌 긍정으로 어디 가셨습니다 하고 대답하는 것이다.

조혼(助婚)이 유행이었던 시절 웃을 수만 없는 한갓 해프닝이었다. 12살 어린이가 한 네댓 살 정도 많은 처녀에게 장가를 들었다면 16살 처녀와 관계를 가져 10달이 지나면 대략 13살 어린아이가 아버지가 된다. 그러면 자식과 나이 차이는 12살밖에 나지 않는다. 이론상으로 전혀 불가능한 일 아니다.

설이는 암담했다. 방학 동안에 집에 있으라는 의미는 다른 뜻이 있음이 분명했다. 설이의 짐작으로는 자기의 대학진학을 막겠다는 의지의 표현인 것이 분명하였다. 아직까지는 대학을 보내주십시오 하는 얘기는 입 밖에도 내지 않았다. 지난 추석 후에 시골로 시집간 언니가 엄마 보려 다니러 왔다가 온 식구가 아침을 먹는 밥상머리에서 이런저런 이야기 하는 가운데 시집간 언니께서 엄마에게 이런 말씀을 하셨다.

"엄마 설이는 공부도 잘하고 하니 더 공부를 시켜 나같이 시골 무지렁이에게 시집가 지지리 못나게 고생하지 않게 뒷바라지 해주세요."

그때도 오빠는 아주 못마땅한 표정을 지으시며 공판장에 일이 있다면서 아침을 먹는 둥 마는 둥 하시면서 두 살 아래 터울인 동생보고

"니(너) 언제 집에 가노? 김 서방 기다리겠다." 하시고는 일어나 밖으로 나가셨다.

아침밥 먹고 가라는 뜻은 아닌 듯한데 듣기에 따라서는 섭섭한 말투이지만 아무도 이의를 다는 식구는 없었다.

설이는 능금나무 집(과수원) 딸이다. 당시에는 능금나무 한 그루와 논 한 마지기(200평)와 바꾸지 않는다는 말과 같이 능금나무는 부의 상징으로 부잣집 딸이기도 했었다. 아버지가 일찍 돌아가시고 홀어머니 밑에서 장가간 오빠와 함께 조카들과 사는 처지이고 보니 어머니는 연로(年老)하시어 집에서도 권한이 없고 자연히 가정경제는 오빠가 가지고 계셨다. 오빠 아래 두 살 터울의 시집간 언니가 한 분 계시나 출가외인이라 거의 친정에는 오지도 않고 형부는 시골에서 농사를 짓는 사람으로 어느 농촌 할 것 없이 엇비슷하여 농사일에 매달리며 자기 자식 뒷바라지하다 보니 하나 있는 동생 설이에 대한 마음은 있지만 생각대로 되지 않는 것 또한 어쩔 수 없는 일인 것이며 한편으로는 어머니도 계시고 가장인 오빠가 어련히 잘해줄까 생각하며 지내다 보니 동생 설이에게 어려움이 있다는 것은 꿈에도 생각지 못한 것이다. 오빠는 자기 자식이 줄줄이 자라고 있으니 가까운 미래를 생각해서인지 여동생의 대학진학을 못마땅하게 생각하고 계셨다. 하시는 얘기로는 우리 면에 고등학교 다니는 여자 애들이 몇인지 손으로 꼽아보라는 것이다. 당시에는 한 면에 여고생이 손으로 꼽을 정도이니 그렇게 말할 수 있었을 것이다. 겉으로는 그런 이유 들어서 말씀하시지만 오빠의 더 큰 이유는 자기 자식도 자라고 있으니 동생은 고등학교만 졸업시켜 얼른 시집 보내버리고 자기 아들딸들을 제대로 건사해야겠다는 한 다리도 천리라는 이기심이 발동했기 때문인 것이다.

패스포트 문제가 있고 며칠 지난 후 설이는 오빠와 담판을 지어야겠다는 생각으로 식구들이 모두 모인 자리에서 오빠에게 자초지종을 얘기했다. 어떻게 하든 패스포트를 발급받으려면 돈이 필요했던 것이다. 전과 마찬가지로 오빠는 완강했으며 패스포트란 패자도 입 밖에 내지 못하게 하셨다. 불을 보듯 뻔히 보인다. 3달 패스포트가 문제가 아니고 대학진학이 문제인 것이 확실했다.

몇 날 며칠을 어머니를 붙들고 대학 간다고 앙탈을 부렸지만 어머니는 오빠에게 말 한마디 못하고 일찍 죽은 영감 사진만 들여다보며 영감 이 일을 어쩌면 좋아요 하며 방바닥을 두드리며 넋두리를 하며 원망하지만 정작 오빠가 들어오시면 언제 그랬어 하듯 시치미를 뚝 떼며 아무 일 없는 표정을 지어보이시는 것이다.

그러니 오빠는 왕처럼 군림하며 가정경제를 좌지우지하는 것이었다. 그러고선 여자가 대학을 나와 봐야 무얼 하느냐 하시는 것이었다. 시집가면 대학 나왔든 아니 나왔든 밥하고 빨래하고 아이들을 키우고 살림하는 것밖에 더 있느냐 하는 것이다. 이유야 어떻든 간에 오빠 생각에는 시집가면 남의 집 사람이 되는 것인데 뭐 하려고 남 좋은 일 시키느냐는 속

셈이며 여동생은 고등학교만 졸업시켜 얼른 치워버리는 것이 상책이다 라는 생각을 아마 가지고 있는 것이다.

그러고 보니 조카는 벌써 초등학교 고학년이며 밑으로 줄줄이 고만고만한 아이가 3명이나 딸려있다. 아침이면 의복이며 도시락 싸기, 올케는 눈코 뜰 새 없이 바쁜 일과를 보내다 보면 시누가 학교 다닌다는 핑계로 농사일은 고사하고 조카들이라도 조금 챙겨주면 조금은 수월하련만 자기 할 일만 하며 뻰질나게 친구들과 어울려 놀러만 다니려 하니 눈꼴사나운 것은 같은 여자로서 어쩌면 당연한 일인지도 모른다.

어떤 때는 한껏 튀어나온 입술을 하고 남편에게 자기는 이렇게 눈 코 뜰 사이 없이 바쁜데 아가씨에게 얘기하여 일손 좀 도우라 하소 하며 볼멘소리도 여러 번 했다. 그럴 때마다 오빠가 설이에게 올케 도와주라고 타이르면 그도 잠깐 돕는 시늉만 하다 마는 것이다. 어떤 날은 동생을 향하여 너는 만날 이 핑계 저 핑계 대며 놀러만 다니지 말고 과수원 일이며 부엌일이며 조카들 뒷바라지며 눈코 뜰 사이 없는 올케 좀 도와주라는 노골적인 꾸지람에 안 그래도 도와주려 했던 마음도 삘이 틀려 돕는 척하다 방으로 들어오는 일도 없지 않았다. 누가 올케와 시누는 견원지간이라 했던가. 집안의 일이 울 밖으로 넘어가면 좋지 않다면서 올케가 없는 데서 어머니가 슬쩍 아범아 설이가 하는 대로 놔두어라 가끔 지 올케 도와주는 것 같더라 자도 시집가면 할 것 아닌가? 시집가기 전에 좀 놀아야 안 되겠나 하시며 점잖게 핀잔을 주신 적도 있었다.

10. 올케

올케는 초등학교만 졸업하고 부모님의 농사일을 돌보며 신부수업을 하다 시집을 온 것이다. 허긴 신부수업이라고도 할 것 없는 그냥 농사철에 농사일을 돌보다 세월 흘러 혼기가 차니 중매쟁이 노파의 수다에 넘어가 신랑이 색시집을 방문한 것이다. 안방에서 새색시와 여러 어른들과 이야기를 하다 둘이 이야기 좀 하구로 자리 비켜주자는 의견을 쫒아 어른들은 밖으로 나가시고 명색이 선을 본다며 마주 앉아 서로 머뭇거리며 뜸을 들이다 몇 마디 말도 서로 섞기 전에 벌컥 방문이 열리며 색시 아비라는 사람이 이제 그만 되었지 하며 둘이 있으면 자기 딸 잡아먹을까? 겁이 나는지 방으로 들어오시니 정작 물어보고 싶은 말들은 한마디도 묻지도 듣지도 못하고 쓰잘 데 없는 오늘은 날씨 참 좋지예 하는 등 쓸데없는 신변잡기나 뻔히 알고 있는 동생 몇이지예. 둘입니다. 묻고 대답하는 등 몇 마디 하다 일어나 밖으로 나오는 것을 끝으로 맞선을 본 것이다.

그때 본 청년의 얼굴 기억도 하지 못하는데 사성이 오가며 날짜를 잡고 집으로 신랑이 와서 초례청(醮禮廳)을 차려놓고 홀기(笏記)를 읽는 지금 같으면 결혼 도우미의 교배례(交拜

禮) 하는 소리에 여자는 절 두 번 남자는 절 한 번 하는 것을 끝으로 술잔이 오가며 여자는 술잔을 입에 대는 것을 허락한다는 표시로 시집을 온 반가(班家) 출신의 올케이다. 면 소재지에서 한참을 걸어서 가야만 닿을 수 있는 곳 출신으로 아무 말은 하지 않아도 시누는 여고 다닌다며 엉덩이 들썩거리는 꼴이 눈이 시린데 마음속으로 얼른 시집 보내버리는 것이 마음 편한 일이다 생각했을 것이다.

일요일 저녁 밥상 앞에 모처럼 식구들이 다 모였다. 조카들도 함께 있는 자리에서 오늘은 기어이 대학진학을 관철시켜야지 하는 마음으로 마음에 준비를 하고 설이는 나름대로 계획을 세웠다. 평소에 큰 조카(초등 고학년인)는 설이를 잘 따랐다. 이성에 눈 떠 여자를 볼 수 있을 법한 초등학교 고학년 남학생이다. 조카가 보기에도 고모는 흰 피부에 볼륨 있는 늘씬한 몸매며 어쩌다 바람에 날리는 머리카락에서 풍기는 알 수 없는 짙은 향기가 싫지 않다는 느낌을 가졌다. 초등학생인 자기가 생각해도 고모는 최고의 미녀이며 남자들이 반할 만하다고 생각하면서 커서 장가를 간다면 고모 같은 여자와 결혼할 것이다 정해 놓고 있는 실정이니 고모의 말이라면 무엇이나 다 들어드리고 싶은 마음이다.

설이는 큰조카가 자기를 잘 따른다는 것을 알고 조카에게 미리 귀띔을 해 놓았다.

"영훈아, 내가 너거 아버지께 내가 대학 보내 달라고 말하면 니는 무조건 이렇게 말해야 된다."

"아빠, 고모 대학 보내주세요."

"고모가 대학 가면 저 공부에도 정말 도움이 많이 될 거예요."

"지금도 고모가 많이 가르쳐주어 저 공부 잘 하잖아요."

"아빠, 그라고 우리 집에 여자 대학생이 있으면 얼마나 자랑이에요."

미리 조카 영훈이와 작전을 짜놓았다. 상을 물리고 바쁘다면서 밖으로 나가시려는 오빠에게 설이는 다급한 마음으로 말씀을 드린다.

"오빠, 잠깐 드릴 말씀이 있어요." 일어서시는 오빠의 바지를 잡는다.

"오빠, 잠깐이면 돼요." 하는 동생 설이의 말에 나가다 말고 엉거주춤한 자세로 서 있으며 설이를 보면 무슨 말인가 해보라는 표정이다. 한 번 더 애원하듯

"오빠, 잠깐이면 돼요. 잠깐만이라도 앉으세요." 오빠는 마지못해 자리에 앉는다. 오빠와 한집에 살면서 이렇게 어렵고 불편한 마음은 처음이다. 설이는 마른 침을 꿀꺽 삼키면서

"오빠, 지금 말씀드리겠습니다."

"저 얘기를 들어보시고 진지하게 한번 생각해 주세요."

오빠는 얘가 지금 무슨 이야기를 하려고 이렇게 뜸을 들이나 의아한 표정으로 동생을 본다.

"오빠, 저 대학가고 싶습니다. 아니 대학 가야겠습니다."

“입학금 한 번만 도와주세요.”

“그 다음은 제가 무슨 일을 해서든지 집에는 폐를 끼치지 않고 제힘으로 해결하겠습니다.”

말을 해놓고 나니 갑자기 설움이 밀려온다. 설이 자신도 모르는 사이 눈물이 난다. 중학교 졸업하기 전 졸업 날짜를 며칠 앞두지 않고 평소 황달을 앓으시던 아버지께서 인근에 있는 촌 병원에서 마지막 숨을 거두셨다. 아버지는 설이를 무척 귀여워하셨다. 막내딸은 더욱 귀하기 마련인데 붙임성이 좋아 과수원에서 일을 하면서도 딸아이를 끼고 돌았다. 그 아이가 훌쩍 자라 중학교를 졸업하고 그 유명하다던 k여자고등학교 시험을 쳐 당당히 합격하였다. 그런 딸이고 보니 입버릇처럼 설이가 고등학교 진학하는 것을 보고 죽어야 할 텐데 하셨지만 설이의 진학도 보지 못하시고 하느님 곁으로 가신 것이다. 그때 병원 온돌방에서 설이의 손을 잡고 훌쩍이는 아내를 보며 아이들을 잘 부탁한다는 말씀을 끝으로 숨을 거두셨다. 돌아가신 아버지의 얼굴이 천정에서 빙그레 웃으시면서 내려다보시는 것 같다. 그러고선 한순간

“얘야 그렇게도 대학을 가고 싶으냐?”

“내가 도와주지 못해 미안하구나.” 하시는 아버지의 음성이 들리는 듯 아버지가 방안 어디에 와 계시며 식구들을 내려다보시는 듯 착각마저 든다.

지금 방안에 있는 온 식구는 오빠가 무슨 말을 할까? 가슴

조마조마하면서 오빠의 입만 쳐다보며 기다린다. 잠깐 숨죽이는 시간에 불쑥 초등학교 정훈이가 말을 한다. 누가 말릴 틈도 없다.

"아빠, 우리 고모 대학 보내주세요."

"아빠, 우리 집에도 대학생 있으면 자랑이잖아요."

"그리고 고모가 대학 가면 내 공부에도 많은 도움이 될 거예요."

"지금도 고모가 많이 가르쳐주셔서 저 공부 잘 하잖아요"

누가 정훈이의 말을 가로 막을까 겁이 나는지 속사포로 얘기를 한다. 정훈은 자기 아버지가 어떤 마음을 가지셨는지 안다. 정말 고모를 도와주고 싶은 마음이 있어 이렇게 말을 하는 것이다. 아직 할 말이 더 있는데 갑자기 정훈을 보는 자기 아버지의 심상치 않은 시선을 느꼈는지 말을 멈춘다. 오빠는 아주 언짢은 표정을 지으신다.

"얘가 어른들 얘기하시는데 대체 이게 무슨 버르장머리고." 그러고는 옆에 무슨 얘기를 하는지 궁금하게 생각하며 펑퍼짐하게 앉아 있는 마누라에게 불똥이 튄다.

"애 교육을 어떻게 시켰기에 이렇게 어른들 말씀 중에 끼어들어." 하시고는 자기 아들의 무릎을 탁 치면서

"너는 저 방으로 가서 공부나 해라." 하시면서 눈을 부릅뜬다. 어느 안전이라고 정훈은 더 이상 말을 잇지 못하고 볼멘 표정으로 옆방으로 건너갔다.

이제까지 듣고 있던 오빠는 이것 섣불리 다루다간 안 되겠다는 마음인지 표정이 얼굴에 나타난다. 험하게 일그러지는 표정으로 고함부터 지른다.

"야! 인마, 나는 대학가고 싶지 않아서 대학 안 갔나?

"나도 가지 못한 대학 어째 니(너)가 갈라 카노?"

"우리 집에 어디 돈이 썩어 문드러지나."

"내 참 기가 막혀, 가시나가 어디 건방시럽구로 대학이다 뭐다 하노." 한방에 대못을 박는다.

"고등학교 나오는 것도 고맙게 생각하고 졸업하고 얌전히 있다가 좋은 사람 택해 줄 테니 시집이나 갈 일이지?" 누가 무슨 말을 할까 생각하셨는지 일사천리로 말을 하고서는 일어나면서

"알아 들었제!" 하고는

"다시 대학 간다는 말 입 밖에 내 봐라. 쫓아내 버릴 끼다." 하고서는

"내 바쁜 일 있어 나간다." 하면서 일어나 방문을 열고 횅하니 밖으로 나간다. 나가는 바짓가랑이 사이로 찬바람이 일며 방안으로 날개 달린 듯 들어온다. 방안에 어느 누구도 말을 할 수 없었다. 함께 계시는 어머니도 아무 말씀도 못 하시고 장죽 담뱃대에 불을 붙이시고는 원수인 양 길게 담배만을 빨아 당기신다.

흰 담배 연기가 온 방안에 있는 가족 모두의 근심인 양 오

르락내리락 퍼지면서 가득 채운다. 할 말마저 잃은 설이는 이젠 더 이상 오빠에게는 희망이 없다는 것을 절실히 느낀다. 더욱 가슴이 답답해진다. 가만히 앉아있던 올케가 설거지하러 나간다면서 툭 던지는 말 한마디가 비수가 되어 가슴에 깊이 박힌다.

"아가씨, 오빠 말씀 고깝게 듣지 마이소."

"뭐 오빠도 아가씨 대학 보내는 것 싫어서 저러겠는교?"

"지난해 태풍으로 사과 농사도 망쳤고 올 농사도 신통찮으니 화가 나서 그러는 게지요."

"그라고 아닌 말이지만 대학 나오면 뭘 해요. 하늘에서 별이라도 따준답디까? 시집이나 잘 가면 되지요. 안 그래요?"

뭐라 카는 시어머니보다 말리는 시누가 더 밉다더니 가만히 놔두면 좋을 것을 올케가 가슴팍을 확 긁어 놓고 부엌으로 살괭이 같이 빠져 나간다.

설이는 방안에 앉아 있지 못한다. 일어서면서

"엄마, 나 잠깐 나갔다 머리 좀 식히고 들어올게요."

아무 말도 못 하시고 걱정하시며 쳐다보시는 어머니의 주름진 야윈 얼굴에 짙은 그늘을 본다. 말을 마치고 문을 열고 밖으로 나오는 설이의 마음을 후벼 판다.

어머니가 계시는 자리에서 얘기하는 것은 아니었는데 후회한다. 말은 하지 않았지만 여자이지만 아들인 오빠보다 공부도 곧잘 하며 똑똑하다. 어디 한 군데라도 흠 잡을 때 없는 딸의 모습을 보면서 재가 아들이었으면 얼마나 좋을까? 생각하기도 한 어머니시다. 그런 어머니이시니 오늘 이 분란을 보시면서 얼마나 가슴이 아팠을까? 어머니의 마음을 헤아려 보면서 마당으로 나온다.

아버지가 계시지 않는 지금에는 어머니는 거저 허울뿐인 이름이다. 조선의 여자들이 다 얽매인 삼종지도란 허울 좋은 족쇄에 노예가 된 마당에 어머니인들 어쩔 수 없는 조선의 여인일 따름이다. 그런 어머니께 마음의 상처만 더 안겨드릴 뿐이다.

11. 결심

어둑해진 마당에는 능금나무 가지 사이로 저 멀리 서쪽 하늘에는 둥지를 찾아가는지 새 한 마리가 휑하니 스쳐 지나간다. 저 새도 집을 찾아 하늘을 나는데 나는 지금 집을 나선다. 어둑한 밤하늘을 혼자 집을 찾아 날아가는 저놈도 나처럼 외롭지 않을까? 희미하게 보이는 하늘의 별들도 모두 혼자 외로이 반짝이는 것을 보니 무언가 전하고 싶은 말들을 전할 수 없으니 저렇게 반짝이며 자기 마음을 알리는 것은 아닌지 하늘의 별마저 외롭게 보인다.

나무와 철사줄로 얼기설기 엮어놓은 문이랄 것도 없는 문을 밀고 자갈돌로 다져진 길에 나왔다. 왼쪽으로 돌아 산이 있는 곳으로 발길을 옮긴다. 가면서 이제 어떻게 해야 하나

오빠의 도움으로 대학진학은 어림없다. 어떻게 하더라도 방법을 찾아야 한다. 길을 걸으면서 이 생각 저 생각 나래가 되어 먼 허공을 가로지른다. 어쩌면 방법이 있을 것 같기도 하다. 궁리를 해본다. 이젠 집에서 학교 다니는 것도 귀찮은 생각이 든다.

가족이면서 마음에도 없으면서 억지로 웃으며 대하는 올케의 말 대가리 같이 생긴 그 긴 얼굴을 보는 것도 괴로움이 될 것만 같다. 매사에 정하나 없는 오빠의 근엄한 얼굴, 천과 솜으로 만든 포근한 인형이 아니라 핏기 하나 없는 하얀 밀랍인형 같은 모습을 보는 것 또한 유쾌한 일은 아니지 싶다. 길을 걸으면 많은 생각이 한꺼번에 바다의 파도처럼 저 먼 수평선에서부터 밀려오는 것 같다.

어느덧 오르막길에 다다랐다. 계속 가면 면이 다른 한 번도 가 본 적이 없는 낯선 지방이다. 오른쪽으로 가면 밤나무가 숲을 이루고 못이라 하기에는 규모가 작은 웅덩이도 있다.

이젠 제법 깜깜한 밤이다. 하늘에 별은 더 많고 더 밝게 빛을 낸다. 이젠 별 따라 길을 가는 것이 편하다. 오른쪽으로 발길을 옮긴다. 이곳은 거의 인적이 없다. 무섭기도 하고 조용하기도 하다. 천천히 걸어가면서 이 밤에 여기에 나 외에 사람이 올 일도 없으니 괜찮겠지 생각하지만 조그마한 소리에도 귀가 쫑긋한다.

더 가기에는 아무래도 겁이 난다. 왔던 길을 뒤돌아 나온다. 걸음을 빨리하여 강으로 향한다. 집에서 입은 채로 나왔다. 11월 하순이지만 밤바람이 차다. 그래도 견디기 어려울 정도는 아니다. 강에 가서 흐르는 물을 보고 있노라면 무언가 생각이 정리되겠지 아니면 새로운 아이디어가 떠오르겠지 천천히 걸어가던 발걸음을 조금은 빠른 걸음으로 바꾼다.

어느덧 강에 다다랐다. 면사무소 쪽 불빛이 강을 비춘다. 강물에 비췬 불빛이 월주(月柱)가 되어 미풍에도 설이의 마음같이 바다의 조그마한 파도마냥 일렁인다.

둑에 앉았다. 서쪽 밤하늘에 높은 산이 시꺼멓게 하늘과 접해있다. 시꺼멓게 변한 산 위의 별들은 수를 놓은 듯 반짝이며 보였다 아니 보였다 가만히 있지 못한다. 바람 따라 흐르는 외톨이 구름들이 지나다니며 별빛을 막으며 훼방을 놓는다. 무수히 많은 크고 작은 별들 그중에서 밝게 반짝이는 별 하나를 보며 말을 걸어본다.

'너 이름은 뭐니, 너 있는 곳은 좋으니, 어떻게 하면 너 있는 곳에 갈 수 있을까? 바람에 움직이는 구름 타고 갈 수 있으면 얼마나 좋을까? 아니면 훨훨 날아다니는 새들 중에 가장 빠른 제비를 타고 갈 수는 없을까? 아니면 마음이 가면 몸은 여기 있지만 벌써 가 있는 것이 아닌가? 물질의 이동에는 시간과 공간이 필요하지만 마음의 이동에는 그 무엇도 필요치 않을 것이다. 올려다본 밤하늘의 별과 별 사이는 얼마 되지 않은 거리인 것 같다. 훌쩍 뜀박질하면 건너갈 수 있을 것 같다.

내 손가락을 걸치면 다 닿는 자리에 있다. 오늘 저녁 이 밤에 여러 별을 가 봐야겠다. 훌쩍 또 훌쩍 계속 뜀박질한다.

한동안 설이는 강둑에서 만사를 잊고 별들과 즐겁게 이야기하며 생각을 정리한다. 이 별 저 별 방문하기도 하고 아픈 마음을 털어 놓기도 하며 하소연하기도 한다. 머리를 돌려가며 온 하늘의 별을 다 올려다본다. 이렇게 많은 별과 이야기하기는 처음이다. 설이는 가슴을 열어놓고 답답한 마음을 이야기하면 어느 별도 거절하는 법이 없다. 환히 웃는 얼굴을 하고 알아들었다며 이해한다며 속이 많이 상하겠다며 그러면 그렇지 어련하겠느냐며 다 잘될 것이다 라며 반짝반짝 대답을 한다. 지금도 내가 하는 말을 귀담아 듣고 밝은 얼굴로 반짝이며 대답을 한다.

고개를 돌려 북쪽 하늘을 본다. 내가 아는 별이라곤 북두칠성밖에 없다. 일곱 개의 별이 아라비아숫자 7과 같은 형태로 자리하기 때문에 붙은 이름인가? 첫 별부터 마지막 별까지 말을 걸어본다. 일곱 개의 별이 하나같이 말을 한다. 설이야 네가 계획했던 대로 하여라 길이 있을 것이다. 지금 용기를 잃어 주저앉으면 영원히 일어나지 못할 수도 있을 것이다. 너같이 젊을 때 활화산같이 가슴 저 밑바닥으로부터 불이 활활 타오르듯 할 때 가장 힘이 있고 용기가 있으며 뜻한 바대로 이루어질 수 있는 확률이 가장 높은 것이다. 주저하고 이럴까 저럴까 망설이고 뒷걸음질 치며 겁부터 내면 이루어질 것 아무것도 없는 것이다. 가장 중요한 것은 부딪쳐 보는 것이다. 시작을 하는 것이다. 그렇게 하다 보면 방법이 생각나며 해결의 실마리가 잡히는 것이다. 처음부터 무엇이나 다 잘 알고 하는 사람은 그리 많지 않다. 다들 시행착오를 겪으면서 해결하면서 이루어가는 것이다. 공부도 그렇고 일도 다 그러하단다. 처음 생각하던 대로 얘기하고 도움을 청해보고 기어이 안 된다면 너 혼자 힘으로 해결하도록 한 번 시도해 보아라. 시작이 반이란 말도 있다. 설이는 별 하나 나 하나 아니고 별 하나에 물어보면 대답이 하나, 별 둘에게 물어보면 대답은 둘 점점 밤은 깊어간다.

어느 별 하나를 가리키며 별 하나 자신의 가슴 만지며 나 하나, 이번에는 자신의 가슴을 만지며 설이는 설 둘 하면서 다시 우러러 하늘을 본다. 설이의 눈엔 별이 너무 많다. 아래로는 줄이 되고 옆으로 비켜난 유독 빛나는 일곱 개의 별을 본다. 이번에는 북두칠성을 세며 북두칠성 일곱 하다 울먹인다.

어느 여름날 더위를 피해 아버지와 함께 과수원 거닐다 들려주신 북두칠성에 대한 아비지의 말씀이 떠올랐기 때문이다. 옛날 우리 고장에 정몽주라는 선비가 사셨다. 이 정몽주라는 선비가 애기로 태어나실 때 아이의 어깨에는 마치 북두칠성 모양으로 일곱 개의 검은 점이 늘어서 있었다. 이 일곱 개의 점은 분명 범상한 일이 아니다. 하나의 점도 해석하기에 따라 사람의 운명을 길흉으로 가르며 예측하기도 하는데

이 일곱 개의 점은 분명 한 나라의 운명을 바꿀 수 있는 영웅이 될 인물임을 암시하는 것이다. 고려 말 이성계는 자신의 정치적 입지를 강화하기 위하여 어떻게 형제의 나라 그러니까 형의 나라인 명나라를 칠 수 있느냐며 위화도에서 회군하여 정적인 최영 장군을 죽이고 이성계의 정치적 입지를 공고히 하기 위하여 후에 태종이 된 이방원이 고려 말 충신 정몽주의 마음을 떠보기 위하여 하여가를 읊는다.

이런들 어떠하리 저런들 어떠하리
만수산(萬壽山) 드렁칡이 얽어진들 어떠하리
우리도 이같이 얽혀서 백년(百年)까지 누리리라

그에 대한 대답으로 포은 정몽주는 단심가를 읊는다. 그 유명한 단심가는

이 몸이 죽고 죽어 일백 번 고쳐 죽어
백골이 진토되어 넋이라도 있고 없고
임 향한 일편단심이야 가실 줄이 있으랴.

이는 기울어가는 고려를 목숨 걸고 끝까지 지키겠다는 의지의 표현이다. 충절의 의인이신 포은 정몽주 선생이 우리 고장 출신이니 얼마나 자랑스러운 인물인가 라며 덧붙여 그

때 이성계가 최영 장군의 뜻을 받들어 몽골의 칭기즈칸 같이 기마병으로 하여금 전광석화로 정신 차릴 틈을 주지 않고 명나라를 정벌하였으면 어떻게 되었을까? 한 번도 남의 나라를 쳐들어간 역사가 없는 것이 자랑인 양? 가르치는 우리 역사에 적어도 단 한 번의 정벌의 역사로 기록되지 않았을까 하는 아쉬움이 남는다.

더욱 국토가 작고 인구가 적은 나라는 큰 나라와 싸움을 하면 진다는 논리가 성립되지 않는 것은 칭기즈칸의 대륙정벌과 유럽까지의 진출은 이것을 증명하고도 남는 것이다. 지금도 이와 같은 논리는 이스라엘의 중동 전쟁이 그것을 말해준다. 얼마 되지 않는 인구이지만 살고 있는 사람들이 똘똘 뭉쳐 죽기를 각오하고 싸운다면 천지간에 무서울 게 없다. 살고 있는 사람들이 어떤 각오로 싸움에 임하며 어떤 머리로 싸우느냐에 달려 있는 것이다. 아마 그때 대륙정벌의 꿈을 이루고 만주 땅을 영원한 우리 영토로 만들었다면 지금과 같이 약소국이 받아야하는 설움 따위는 없을 것이다.(미사일을 만들면서 대국의 눈치를 보는 따위의 일은 아니 허가를 받아야 하는 설움은 없을 것이다.)

설이는 아버지의 그 말씀을 머리에 떠올리며 다시금 아버지 계시지 않은 처지를 생각하며 슬픔에 잠긴다. 방천 둑에 펑퍼짐하게 앉았던 자세를 고쳐 무릎을 세우고 앉은 자세를 풀고 일어난다. 내가 지금 몇 시간째 이러고 있었던가? 왔던 길을 되돌아 집에 왔다. 어머니 방의 불도 꺼져있고 오빠 내외의 방에도 불빛은 보이지 않는다. 자기 방의 방문을 열고 슬며시 들어간다. 방안에는 초등학교 다니는 조카 정훈이의 고른 숨소리가 들어온다. 어쩌거나 효과는 없었지만 자기를 도와주려던 조카 정훈이의 마음에 한없이 고마움을 느끼면서 자기의 마음을 한결 어루만져주어 눈물이 나는 것을 참는다.

정훈이의 머리를 한 번 쓰다듬으며 조카 옆에 슬며시 몸을 밀어 넣으며 이불을 당겨 덮는다. 잠은 오지 않고 깜깜한 천장을 응시하며 또 다시 깊은 생각으로 자신을 몰아넣는다.

여럿 식구들이 둘러앉아 저녁밥을 먹으면서 나누던 이야기를 다시금 생각해 본다. 이젠 집의 도움으로 대학을 간다는 것은 포기해야만 했다. 완강한 오빠의 고집을 꺾을 사람은 우리 집에는 아무도 없다. 엄마가 계시기는 하나 가정경제는 오빠의 수중으로 넘어간 지 오래고 엄마는 단지 엄마라는 이름으로 뒷방 늙은이로 밥이나 축내는 사람 정도로 취급되고 있을 따름이다. 설이는 자신이 대학을 못 가는 아픔보다도 엄마가 계시는데도 아무 말씀 한마디 할 수 없으며 더욱이 며느리까지도 무시하는 듯하는 행동은 더욱 설이의 마음을 아프게 한다. 그래도 어쩔 것인가. 엄마를 옹호하며 투쟁할 수는 더더욱 할 수 없는 일, 어차피 싫으면 떠나야 하는 것. 무거운 절보다 가벼운 중이 떠나는 것이 낫다는 옛말과 같이 내가 떠나야 하는 것이 백번 옳은 길이다 결론을 내린다.

쌕쌕거리며 자는 조카 정훈이의 옆에 누워있던 자신의 몸을 움직이며 이불을 머리 위까지 당긴다. 이 밤을 지내고 나면 나는 언제 또 오늘과 같이 잠자리에 들 수 있을까? 생각하니 쉬이 잠이 올 것 같지 않다. 그래도 억지로라도 잠을 자야지 하면서 잠을 청해 본다.

12. 집을 나오다

음산한 날씨였다. 설이는 조그마한 가방에 옷을 주섬주섬 챙겨 넣고 어머니 앞으로 편지를 한 장 써서 어머니 담배 삼지 주머니에 넣어두고 아무도 없는 날 집을 나왔다.(62년 11월 말) 엄마에게는 말할 수 없는 불효라는 것을 모르는 것은 아니지만 이러지 않고는 자신의 꿈을 펼칠 기회마저 잃어버리고 말 것이라 생각이 든다. 누가 최선이 아니면 꿈을 이루기 위해서는 차선을 택하는 용기도 있어야 한다고 말했다.

설이는 생각했다. 적어도 지금 내가 생각한 이 결행은 최선의 방법은 아닐지 몰라도 차선임에는 틀림이 없다는 것을 스스로에게 최면을 걸며 확신을 시킨다. 오빠는 분명 고등학교 졸업하면 집에 가두어 놓고 올케언니를 도우며 집안일이며 과수원 일을 하다가 일이 년 내에 중매쟁이를 통해서 말 그대로 치워(시집) 보내 버리려 할 것임에 틀림이 없다. 자기 딸이 결혼을 하는 것을 왜 치워버린다고 말하는 것일까? 궁금했었는데 이번 대학 문제로 오빠가 하는 말을 들으니 이해할 것 같다. 말 그대로 돈도 들고 귀찮으니 시집보내 치워버리는 것이 오빠 입장에서는 당연한 말일 것이다. 더욱이 옛날에는 모두가 가난했으니만큼 식구 하나 입을 줄이는 것도 가정에 도움이 되니까 시집보내는 것 즉 결혼하는 것을 치워버린다고 했을 것이다.

초등학교 고학년인 조카는 고모를 무척 따랐다. 자기가 보기에도 고모는 멋쟁이다. 장차 장가를 간다면 고모와 같은 여자에게 가야겠다고 생각하는 정훈이다. 어린 조카이지만 고모 사랑하는 마음이 남달랐다. 대학 간다고 얘기했을 때에도 고모는 대학 가야 한다고 우리 집에도 여자 대학생이 있다는 게 얼마나 근사하냐며 거들었다가 어른들 말씀 중에 끼어든다고 혼쭐이 나고 울면서 건너 방으로 쫓겨났다. 어느 날 자고(정훈은 고모와 한방을 쓰지만 어쩌다 부모 방에서 놀다 잠들 때도 있었다. 그럴 때 억지로 자는 애를 깨워 방을 옮기지는 않는다.) 있었는데 자기 아버지와 어머니가 오손도손 나누는 얘기를 들었다며 고모에게 미주알고주알 다 얘기해주어 알았다. 의례히 아들 녀석은 자고 있겠지 생각하신 모양이다. 아니 아들이 얘기를 들었다고 해서 고모에게 얘기해줄 일은 만무하다고 생각했을지도 모른다. 어머니의 무슨 말씀 끝에 아버지가 고모에 대한 얘기를 하시는 것을 들었다. 아버지 말씀이

"설이에 대해서는 당신 너무 걱정하지 말래도." 가는 음성

으로 아내를 설득하시는 중이다.

"내게도 다 생각이 있다." 하신다. 다시 엄마 말씀이

"당신은 맨날 생각 있다 있다 해 놓고는 어무이(시어머니) 말씀 한마디면 아무 말도 못 하면서." 볼멘소리다. 다시 아버지 말씀이

"이젠 그럴 일 없다."

"설이가 대학가는 일은 절대 없다."

"나도 대학 나오지 못했는데 지(설이)가 우애 대학 가노. 어림도 없는 소리 하지도 마라." 하시면서

"가시나가 무슨 대학을."

"잘 아는 중매쟁이에게 따로 얘기해 두었다가 졸업하면 일년 내에 적당한 혼처를 찾아 시집을 보내겠으니 당신은 걱정 마라." 며 마누라를 다독인다.

이러한 부모의 베갯머리송사를 조카는 듣고 고모에게 다 얘기한 것이다. 미주알고주알 다 얘기는 할 수 없어도 대충 중요 내용은 고모에게 이야기했다.

고모는 대학 못 간다는 말은 차마 할 수 없었고 고등학교 졸업하면 시집보내려 한다는 말은 토시 하나 틀리지 않게 정확하게 일러바친 것이다. 어릴 때부터 설이는 첫 조카이고 또 생긴 모습도 귀공자 같아 무척 귀여워하였고 자주 데리고 다녔다. 누구에게나 귀여움을 받을 수 있는 생김새다. 그런 조카이니 사랑하는 것은 당연한 것이며 면 소재지에 사는 친

구들 집에 가서 놀 때가 많았다. 여자들만이 있는 자리에서 귀여움을 독차지했다. 이런 보살핌은 초등학교 고학년으로 올라가서도 계속되었다. 그러니 고모 사랑하는 마음은 더 했으면 더 했지 변함이 없었다.

이성에 대해서 무엇인지도 모르지만 막연하게 본능적으로 사내아이가 아름다운 꽃을 보면 좋아하고 가지고 싶은 마음과 같다고 할 수 있을 것이다. 고모는 한 떨기 장미꽃이며 하늘을 훨훨 날아다니는 하얀 옷을 입은 천사이며 아름다움 그 자체였다. 그런 예쁜 분이 고모이고 보니 아무리 남이라 하더라도 마음을 빼앗길 판인데 피를 나눈 고모이니 오죽이나 좋아하겠느냐는 것이다. 그러니 잠결에 들은 부모님의 대화를 고모에게 얘기해준 것이다.

어린 조카는 아직 해야 할 말 하지 말아야 할 말을 구분하기는 아직 어린 철부지이기 때문이기도 하지만 그보다 고모 생각하는 마음이 남달랐기 때문일 것이다. 사전에 고모에게 귀띔해 주는 것이 부모에 대한 어떤 배신보다 고모에게 운신의 폭을 넓혀드린다는 어른들의 깊은 고뇌에서 우러나는 조언은 아니지만 고모를 도울 수 있는 무언가를 내가 할 수 있었다는 것은 팔딱 뛰는 조그마한 가슴에서 일어날 수 있는 알 수 없는 자족감은 없지 않았을 것이다.

방학 동안 학교나 도서관을 찾아 공부하기 위해 패스포트(보통 3개월을 단위로 끊는다)를 구입하기 위하여 돈을 달라

했을 때도 방학이니 집에 있으면 되지 무엇 하려고 패스포트가 필요하냐며 돈도 주시지 않았다. 겨울철에도 과수원은 농번기나 다름없다. 국광은 익어도 약간 푸르스름하나 홍옥은 익으면 아주 빨갛다. 겨울 동안 저장하여 늦겨울이나 구정(설)에 공판장에 넘기기도 하고 늦가을에 바로 서울로 화물차로 싣고 가 팔기도 한다. 이러려면 선별작업 또한 만만치 않다. 여름철 못지않게 일손이 부족하니 도우라는 압력이다. 설이는 겨울 방학 동안에 통학하며 학교의 도서관에 다니면서 나름대로 대학진학을 위한 마지막 공부를 하려 했었는데 어머니께 수차 말씀드렸지만 이제는 아예 엄마는 힘이 없다면서 오빠에게 얘기해서 타 써라는 것이다. 설이는 어쩔 수 없이 발이 묶이는 꼴이 되고 말았다. 그런 처지이고 보니 이젠 탈출구는 한 길밖에 다른 도리가 없는 것이다. 날씨마저 자기 마음과 같이 눈이나 비가 올 것 같은 꾸리무리(구름이 끼고 약간 어두운)한 날씨다. 이렇게 간단히 짐을 싸들고 집을 탈출하는 모험을 시작한 것이다.

설이는 금년 들어서는 오빠가 자기에게 하는 말이나 행동이 예전 같지 않다는 것을 느꼈다. 무슨 이유인지는 모르지만 동생 설이를 자기 앞에 서지도 못하게 할 정도로 닦달했다. 특별히 잘못한 일이 없는데도 말이다. 단순히 올케언니의 부엌일을 거들지 않는다든지 집안일을 도와주지 않는다든지 하는 사소한 것이 아니라 무슨 근본적인 일 그러고 보니 대학 간다는 말이 나오고부터인 것을 보니 자신의 대학문제와 연결되어있는 것이 분명하다.

여기까지 생각이 미치자 오빠의 마음은 내가 애원한다거나 눈물로 호소한다거나 또 다른 어떤 방법을 동원하더라도 돌이킬 수 없음이 확실하다. 이젠 남은 길은 단 한 가지 스스로 개척할 수밖에 다른 도리가 없었다. 이 결심을 하기까지 가장 큰 장애는 늙으신 어머님의 마음을 아프게 해 드리는 것이 가장 큰 괴로움이었다. 그러나 어쩌거나 다른 방도가 없는 것을 어머니께서 이해해 주실 것이라 믿으며 딸로 인해 마음 더 상하지 않으셨으면 하는 심정으로 자신의 심정을 담은 편지를 쓴 것이다.

하나는 엄마께 또 하나는 시집간 언니께 썼다. 언니에게는 자신의 마음을 이해해 달라며 어쩔 수 없이 집을 나가는 딸에 대해 어머니의 마음을 조금이나마 편안해질 수 있도록 조언하는 부탁도 잊지 않았다.

정훈이의 아버지 어머니의 베개송사를 듣고부터 설이는 처지가 비슷한 친구들과 의논을 하였다. 그런 친구들 가운데 어느 친구가 전에 함께 미팅 갔던 은주와 의논해 보라는 귀띔에 자초지종을 은주에게 의논했다. 은주의 말인즉 참 많이 마음 상하겠다며 자기 외삼촌이 직물공장을 하는데 그곳이라도 괜찮다면 얘기해 보겠다며 희망을 준다. 며칠 후 은주는 현장에서 일하는 직수 자리는 언제라도 좋다는 외삼촌의 말씀을 설이에게 전한다.

설이는 이것저것 가릴 수 있는 처지가 아니므로 외삼촌에게 늦어도 12월 초에는 회사에 다니겠다고 말씀드려 달라하고 우선은 친구가 자취하는 방에서 함께 지내기로 마음을 정했다. 금년에는 어차피 대학진학을 포기하고 일을 하면서 돈을 벌면서 공부를 할 것이다.

은주의 외삼촌은 처음에는 다른 일자리는 없고 해서 우선은 공장(직수)에서 일을 하도록 해야겠다고 생각했다. 그런데 일이 잘 풀리려고 그러한지 경리를 보던 여사원이 결혼을 앞두고 신부수업을 한다면서 이달만 근무하고 그만둔다면서 미리 사표를 제출하였다. 그러다 보니 어차피 사무실 돈을 만지는 중요 자리가 생긴 만큼 연고 없는 사람을 채용하는 것보다 딱한 사정에 처한 조카의 친구를 채용하는 것 또한 명분 있는 일이라 선뜻 그러기로 결정한 것이다. 설이는 나름대로 생각하고 또 생각하고 먼 미래를 위한 지금의 고생은 어쩔 수 없는 자기 투자라 이해하고 고생하기로 굳게 마음을 먹는다. 집을 나온 설이는 그길로 친구의 자취방에 짐을 풀고 함께 자취생활을 시작한 것이다.

13. 직장생활

요즘은 일거리가 많다. 벌써 몇 달째 야근이다. 시설은 한정되어 있는데 주문량이 밀린다. 눈에 보이는 돈을 마다할 사람 어디 있겠는가? 지금은 단군 이래 최대의 호황이다. 나라 전체에 몇 대 되지 않는 직기는 대구 경제의 시발이며 부의 상징이기도 했다. 몇 대 되지 않는 직기이다 보니 한 대도 놀리지 않고 풀가동이다. 그러다 보니 사장도 사람인지라 이때 한몫 챙겨야지 하는 마음도 없지 않다. 주는 오더(주문생산 order production)는 설비는 생각지 않고 오는 대로 받아놓고 보니 많이 먹어 소화를 못 시켜 탈나는 몸 같이 고생을 하지만 고생 끝에 낙이 있다는 말을 믿는 것이다. 사장은 일에 겁을 낼 사람은 아니다. 일로 잔뼈가 굵은 사람이고 일로 인해서 지금의 사장이 있는 것이라 해도 과언이 아니고 보면 일이라면 그 자체가 사장에게 딱 어울리는 말이다. 사장은 일찍 일을 하다 죽은 사람은 못 봤다면서 일을 독려한 장본인이다. 그리고 직원에게 일을 하라 시켜놓으면 되는 것이다. 어떻게나 시켜놓으면 되기 마련이란 것을 그는 몸으로 터득한 경험을 갖고 있다. 아무리 많은 일을 한다 해도 일하다 죽는 법은 없다는 것을 그는 믿는 것이다. 자기가 그렇게 살아왔고 지금도 말짱하게 살아있는 것은 이를 증명하고도 남음이 있는 것이다. 더구나 지금 생산 작업은 사람이 옛날같이 발을 북채에 묶어놓고 손으로 북채를 잡고 당기며 밀며 힘을 써서 하는 일은 아니다. 베틀에 실을 걸어만 놓으면 시간이 지나면 개찰구로 탑승한 승객이 꾸역꾸역 밀며 자기 발로 걸어 나오는 것과 같이 실이 천이 되어 가만히 두어도 물같이 흘러나온다. 그리고 일한 만큼 시간 외 수당을 준다. 그게 다 어디야? 생각하는 것이다. 가만히 앉아있으면 돈이 생기나 떡이 생기나 밥이 생기나 몸을 조금만 움직이면 돈이 되는데 마다할 이유가 없다고 생각하는 것이다. 그러니 조금 더 일을 시키는 것은 자랑이면 자랑이었지 하등 문제될 일은 아니라 칭찬을 받아야 할 일이다. 일 많이 시킨다고 불평하지 말라며 불평하는 직원은 고생 모르고 자라 포시로워(손에 물을 묻히지 않고 고생을 모르고 자란)서 그런다는 것이다. 돈이 무엇인지 몰라서 그런다는 것이다. 돈의 중함을 깨닫지 못해서 그런다는 것이다. 자기와 같이 시골에서 살면서 코딱지만 한 텃밭 하나 없는 집안에 장남으로 태어나 일찍이 배고픈 설움을 맛봐야 돈의 중요함을 절실히 깨닫는다는 것이다.

이 회사 사장은 허리 한 번 펴지 못하고 뼈 빠지게 일을 해도 여덟 식구 입에 풀칠하기도 쉽지 않다는 것을 너무 잘 안다. 초등학교만 마치고 입 벌이하려 대구로 나와 직물공장에서 그나마 월급 한 푼 받지 않고 일을 했다. 밥 먹여주고 잠재워주며 일을 배우도록 해주는 것으로 감지덕지했다. 월급이란 말 입에 올리지도 않았다. 그만두라고 말하지 않는 것으로 만족했다. 스스로 일을 찾아서 하기를 십여 년 처음에는 월급 한 푼도 받지 않았지만 세월 흐른 후에는 사장이 알아서 통장을 만들어 매월 얼마간 넣어 주었다. 2, 3년 동안은 자기 월급이 얼마인지 통장에 얼마가 매월 들어오는지 몰랐다. 추석이나 설 명절에 시골 갈 때는 사장이 차비도 넉넉하게 쥐어 주었으며 부모님께 드리라며 선물이며 심지어 몇 해 전부터는 제사상까지 봐 주시어 감지덕지하며 자랑하며 시골 다녀왔다.

지금의 사장 일하는 모습을 보고 어느 날 사장이 지금 사장을 불러 자기는 나이도 많고 이젠 기력도 딸리고 기억 또한 예전 같이 못하여 이젠 손을 놓으려 하는데 알다시피 아들놈은 공장 같은 것에는 관심이 없는 것을 자네도 잘 알지 않느냐? 아무리 생각해도 공장을 맡을 사람은 자네밖에 없어 자네가 완전히 자리 잡을 때까지 내가 일감을 줄 터이니 공장을 한 번 맡아 해보라는 것이다. 자네가 공장 돌아가는 사정을 다 파악하고 혼자서도 공장을 잘 돌릴 수 있다고 생각될 때 그때 나는 물러나겠네. 서로 지나온 세월 동안 나나 자네나 어디 숨긴 것 없이 지내 와서 공장 사정에 대해서는 어느 누구보다 더 잘 알지 않느냐?

뺄 것도 보탤 것도 없다. 지금 있는 그대로 맡아 한번 해보겠나? 하시는 것이다. 사장의 제안을 받고 어떻게 할까? 하룻밤을 꼬박 세워가면서 고민을 했다. 그때 생각하기를 지금까지도 월급이라고 제대로 받은 적도 없었다. 내가 공장이라고 맡아 하다가 망한다 해도 잃을 것이라고 없는 몸이다. 망한다 해도 겁날 것이 없다. 그래서 마음을 굳히고 예하고 대답을 하고 시작한 공장이다.

처음에는 그렇게 하겠습니다, 하고 야드 당 단가는 물론 계약서도 없이 시작했다. 한 달 일을 하고 결산한 후 이것이 남은 돈이다 하며 주시면 그대로 받아들였다. 월급 통장으로 사용했던 통장에는 전과같이 돈이 매월 입금되었으며 또 다른 통장에는 한 달 결산 후 여러 가지 경비 공제 후 생산 활동비라면서 적지 않은 금액이 입금되었다. 통장을 들여다보니 동그라미가 여러 개인 숫자가 기록된 것을 보면서 혼자 생각했다. 고맙기하고 신기하기도 하고 또 이것이 공장인가 생각되기도 했었다.

그때 사장은 자기 아들에게 공장을 물려주려 했었다. 사장도 나이가 어느 정도 되어가니 이 공장을 어떻게 할까 여러 가지 궁리를 했다. 내가 어떻게 해서 지금까지 키워온 공장인데 당연히 아들에게 물려주려 했으나 하나뿐인 아들은 애초부터 먼지가 풀풀 나는 먼지 구덩이에서 일하기를 싫어했다. 먼지가 날지 못하게 가라앉힌다고 습도를 맞춘다고 물을 뿌리기도 한다. 언제나 공장 안은 눅눅하고 칙칙하다. 그러니 처음 공장 안에 들어가면 몸을 휘감는 습기가 기분을 나쁘게 했었다. 더욱이 여름에는 몸을 휘감는 옷이 착 달라붙어 걸어 다니기 불편할 정도이니 가끔은 속옷을 잡아 당겨주어야만 감겨 올라간 속옷이 제 위치를 찾는 공장 안이고 보니 사장 아들은 공장에 들어가는 것 자체를 싫어했다. 그리고 처음부터 사장이 아들 가르치기를 잘못했다. 오냐오냐하면서 서면 날아갈

세라 앉으면 부서질세라 키웠다. 고생이란 전혀 몰랐다. 힘든 일이랑 걱정이랑 자기 아들 사전에는 없었다.

보통 있는 집 자식은 빗나가는 경우가 많았다. 못 입고 못 먹고 자기들은 고생고생하면서 이룬 재산이기 때문에 자식들에게는 그런 고생을 시키지 말아야 하겠다는 자기의 아픈 과거가 족쇄가 된 이 고정관념 즉 나만 고생했으면 되었지 자식에게만은 결단코 물려줄 수 없다고 하는 자식 사랑하는 이 아버지 마음이 결국 자식들이 빗나가는 잘못된 교육으로 이어지기도 하는 것이다. 그런데 이 집 아들은 그렇지 않았다. 오냐오냐하며 키워도 게으름 한번 피우지 않았다. 거기다 공부도 곧잘 했다. 그러니 돈은 있겠다, 무엇이나 아들이 말하는 것은 크게 사리에 어긋나지 않으면 들어 주었다. 하나뿐인 아들이겠다 매사가 긍정적이며 말썽부리는 일 없으니 귀여움을 줄 만하고 받을 만하였다. 단지 흠이라면 공장 일에는 취미도 없었고 관심 또한 없었다.

서울에 있는 대학에 다니다 미국으로 유학을 갔다. 유학생활 중에도 있는 집 자식이지만 빗나가지 않고 열심히 공부를 하였다. 특이하게도 전혀 관심을 가질 것이라 생각하지 않았는데 중학교에서부터 그림 그리기를 좋아했다. 고등학교에 올라가서는 미술반에 들어가서 실제로 그림을 그리며 특별활동을 하면서 두어 번 상도 받았다. 그러나 아들은 아버지가 환쟁이는 싫다 하시는 말씀을 들은 이후로는 그림에 대해서는 일절 말하지 않고 혼자만의 세계에서 미래 꿈을 키워갔다. 언젠가 스스로 해결할 수 있을 그때 아버지의 허락을 받을 것이다 마음에 각오를 다지면서 자신의 꿈의 길을 포장하기 위해 필요한 공구며 기구며 기계며 도구를 갖추어 갔다. 한마디로 실력을 쌓아갔다. 그때까지 그는 아버지 눈 밖에 나지 않도록 열심히 공부에 매달렸다. 어렸지만 무엇을 어떻게 하는 것이 미래에 자기가 좋아하는 것을 하며 살아갈 수 있을까 아는 학생이었다. 자기 길을 가는 방법이 갈 수 있는 방법이 무엇인지 알았다. 가장 근본이며 기본인 소질도 물론 있었지만 그보다도 그림 그리며 보는 그 환경을 좋아했으며 취미가 맞았다. 긴 머리를 휘날리며 베레모를 쓰고 파이프를 입에 물고 화랑에서 그림을 감상하는 화가가 된 자신의 모습을 그려 보는 것만으로도 벌렁벌렁 가슴이 펄렁거렸다. 그런 자신의 모습에 그 멋에 그 맛에 반한 것이다. 그림을 보는, 그리는 자신을 그 자리에 올려놓는다. 너무나 좋은 것이다. 꿈이 나래가 되어 창공을 훨훨 날며 무지개를 쫓아 넓은 하늘길을 가르는 것이다. 긴 머리를 휘날리며 파이프를 든 손으로 그림을 가리키면서 회랑(回廊)을 오가는 사람들을 보면서 웃으며 그림을 가리키며 설명하는 자신의 모습에서 전율을 느끼는 것이다. 보는 것만으로도 풍성하고 무엇을 먹지 않았는데도 배가 부르듯이 두근두근 가슴 설렘은 황홀 그 자체이다. 그런 청년으로 성장하였다. 불란서에서 본격적으로 그림 공부를 하였고 돌아와 졸업한 대학에서 학생을 가르치고 있다. 그러니 공장은 어쩌면 안중에도 없는 것은 당연하다.

사장에게 다른 아들이나 딸이 있다면 별 고민이 없겠지만 씻고 닦고 봐도 딱 하나뿐인 무녀 독남 외동아들이고 보니 어찌할 수 없는 노릇이었다. 거기에다 아들이 몰두하여 그린 그림 몇 점은 이젠 값나가는 명화가 되어 애호가들이 제일 갖고 싶어 하는 소장품 순위에서 언제나 상위권에 올라 있다. 값도 많이 나가지만 팔려고 내놓은 적도 없었다. 좋은 그림이지만 살 수 없는 그림으로 소문이 나니 사람이란 구하기 쉽지 않으면 가치는 더 올라가기 마련이었다. 그러니 더더욱 공장을 한다는 것은 자기에게 어울리지 않은 옷을 걸치는 것과 진배없다는 판단이며 예술가의 자존심에 먹칠하는 명예를 더럽히는 것이라 생각하는 것이다.

아들에게 여러 번 공장을 어떻게 하는 것이 좋은가 물었다. 그때마다 아들 대답은 한결같았다. 아버지가 하시고 싶은 대로 뜻대로 하시라는 것이다. 공장을 어떻게 하시든 자기는 관심이 없다는 것이다. 단지 바람이라면 아버지께서 한평생 몸 바쳐 이룬 사업이니만큼 더 발전할 수 있는 어떤 조치면 반대할 이유가 없다고 말씀드렸다. 그래서 어쩔 수 없이 말을 잘 듣고 지금까지 거역 한번 한 적 없는 지금 사장에게 공장을 물려준 것이다. 공장을 매물로 내놓고 값을 흥정하면 자기에게 돌아오는 몫은 지금 사장에게 물려주는 것보다 좀 더 받을 수 있을지 모르지만 팔고 나면 할 일이 없는 자기로서는 뒷방 늙은이가 되는 것 또한 싫었다. 적어도 지금 사장에게 공장을 물려주면 매달 얼마씩 매각대금 및 운영경비를 받으면서 공장에 출근하면서 앞으로 한 칠팔 년 간은 아니 십여 년을 내 공장이다 할 정도로 공장에 나올 수 있는, 자기로서는 명실상부한 사장 위에 회장으로 군림할 수 있는 것이지만 그러한 성품은 또 하기 싫어하는 사람이다. 그냥 공장을 그만두었지만 매일 출근할 수 있는 곳이 있다는 것이 자기가 바라는 확실한 매력이었다.

전임 사장의 됨됨이나 지금의 사장 즉 설이의 친구 아버지 되시는 분이나 사람이 고만고만하여 무리하지 않고 분수를 아시는 분들이므로 사리에 어긋남이 없으므로 어찌 보면 누이 좋고 매부 좋은 사이로 발전할 수 있었다. 설이의 친구 아버지는 이렇게 하여 공장을 물려받는 행운을 얻었다. 행운이라기보다 자신의 노력의 결과물이라 해야 할 것이다. 근면성과 우직함 그리고 무엇보다 매사에 정직한 마음 그리고 부지런한 몸놀림이 지금의 사장을 있게 한 것이다. 지금 사장이나 앞으로 되실 사장이나 두 분 모두 다 뿌린 대로 거두었다. 입사할 때 어설프던 몸가짐이었지만 살아있는 또렷한 눈빛을 보고 이 친구 다듬으면 무언가 해낼 것이다. 싹수를 보고 키운 지금 사장의 혜안이 미래를 예측한 또 하나 작품이었다. 지금 사장은 직원들 일 시키는 방법도 꾸지람은 일체 하지 않는다. 아무리 큰 잘못을 저질러도 사람 죽이는 일만 아니라면 무엇이든 사람이 해결하지 못할 일 어디 있느냐 하는 것이다. 단지 돈과 시간이 더 들 뿐이라는 지론을 갖고 계신 분이다. 돈과 시간을 어떻게 사람하고 견줄 수 있느냐는 사고방식을 가지신 분이라 사람의 중요성을 일깨워 주신 분이다. 사람 중심의 경영을 몸소 실천하시는 분이시다. 언젠가 직원 한 분이 빔을 트럭에 싣고 가다 잘못하여 떨어뜨렸다. 빔이 망가진 것은 물론 원사 작업을 다시 해야 정도로 감긴 실은 엉망이 되었다. 실은 찢어지고 흩어져서 도저히 정상적인 작업을 할 수 없는 사고가 발생했을 때 얘기다. 이 사고를 보고 받으신 후 제일 먼저 물음이 운반하던 직원은 다친 데 없느냐는 물음이다. 다행히 괜찮다는 보고에 그러면 되었다, 하시면서 환한 얼굴을 하셨다. 빔이나 원사를 문제 삼은 것이 아니라 싣고 가다 떨어뜨려 무용지물이 된 빔을 다시 싣고 돌아온 직원을 붙들고도 다시 한번 어디 다친 데 없느냐며 진정으로 직원을 사랑하는 사장의 안쓰러워하는 그 모습에서 사장의 마음을 읽는다. 사고가 났다는 소문에 함께 모여 있던 직원들은 감동을 받은 것이다. 빔을 다시 감아야 하고 납기도 맞춰야 하는 쉴 사이 없이 바쁜 일정이 계속될 것이니 그 수고로움이나 일정에 무척이나 화가 나실 것인데도 다시 빔을 하나 감는데도 수월찮게 돈도 들어갈 것인데 직원 잘못으로 인해 자기 생돈이 들어가는 것은 엄두에도 없었다.

혹 직원이 몸이라도 다쳤을까? 걱정하시는 사장이 직원 대하는 태도가 어떻게 이렇게 다른 공장의 사장과는 다를 수가 있을까? 그날 퇴근 후 술자리에서 안주는 사장 이야기로 꽃을 피웠다. 이런 사장이라면 한 몸 바쳐 충성을 해도 될 만한 그릇 큰 사람이었다. 그저 돈만 아는, 돈만 버는 사람이 아니라 인간미를 갖춘 기업가이다. 앞으로 잘 되며 혼자만 잘되려고 하실 분은 분명 아니다. 인품에 대한 비약은 날개를 달고 훨훨 하늘을 수놓는다. 회사 경영은 이젠 걱정하지 않아도 직원들이 일머리만 틀어주면 척척 알아서 할 것이다. 그 이후도 꾸지람은 없었다. 그 대신 적절한 칭찬이 그 자리를 차지하였다. 이러한 모습은 꾸지람보다 몇 배 직원들을 두려워하게 했으며 일에 대한 책임감을 엄청 키웠다.

나이 들어 회사를 그만둘 때도 회사를 처분(물려줄)할 때도 자기 이익의 극대화를 위해서 외부에서 찾지 않고 내부에서 자기와 함께 일한 마음을 나눈 직원 중에서 찾은 인간적인 모습에서 사장의 인품을 한 번 더 직원들은 느낀 것이다. 그러고 보니 주는 사람도 받는 사람도 스스로를 알아본다. 즉 영웅은 영웅을 알아본다. 아니 사장은 사장을 알아본다고 해야 할 것이다. 이렇게 친구 외삼촌은 공장을 하게 되었으며 지금에 와서 설이에게 내일을 위한 조그마한 울타리가 될 수 있었던 것이다.

그해 겨울 다른 친구들은 다들 대학 입학시험이다, 졸업이다. 변하는 환경 속에 바삐 움직이느라 같은 친구이지만 설이에게 신경 쓸 겨를이 없었다. 설이 자신도 직물공장에 소개시켜준 친구 외에는 소식을 끊고 오직 일에 매달렸다. 경리 언니가 그만두기 전에 경리를 잘 하려면 현장을 알아야 한다면서 오전에는 경리 옆에 책상을 두고 경리 언니에게 경리 일을 배우고 오후에는 흰 모자를 쓰고 흰 앞치마를 질끈 동여매고 직수 언니와 함께 베틀 사이를 끊어진 올을 찾아 쉬지 않고 다니며 현장 일을 배우는 중이었다.

입사 후 보름이 지났다. 설이 회사는 매달 25일이 월급날이다. 토요일이지만 오후에 첫 월급을 받는 날이다. 일요일도 월 첫 주 셋째 주일에는 일을 한다. 내일은 넷째 주일이라 모처럼 쉬는 일요일이다. 토요일 점심시간에 현장에서 같이 일을 하는 직수 언니가 설이를 보고 자기 집이 촌인데 절도 있고 하니 함께 자기 집으로 놀러 같이 가자는 것이다. 직수 언니에게 나 돈이 없어 못 간다며 거절을 했다. 직수 언니 하는 말이 오늘이 월급날이니까 너도 월급을 받을 테니까 돈 걱정은 안 해도 된다며 자기 말을 믿으라는 것이다. 그러면 월급을 받으면 같이 가자 약속을 하고 입사한 지 얼마 되지 않아 월급을 주시지 않으면 가지 않으면 될 것이고 만에 하나 월급을 받게 되면 함께 가도 나쁘지 않다 생각하며 퇴근 시간까지 열심히 일을 했다. 아예 받을 생각도 않고 있었는데 생각도 않은 첫 월급을 받은 것이다. 많지 않은 월급이지만 보통 첫 월급을 받으면 어머니 속옷을 사서 입으시라고 용돈을 드린다는데 설이는 집을 뛰쳐나와 혼자 자취하는 신세이고 보니 어머니께 용돈 드릴 방법도 없고 하여 내일은 휴일이지만 별로 할 일도 없고 하여 머리도 식힐 겸 현장 직수 언니를 따라 시골 언니 집에 가기로 한 약속을 지키기로 했다. 어디서 몇 시에 만나자 하고 자취집으로 돌아왔다. 집을 뛰쳐나오고 첫 외출이라 마음이 설렌다. 함께 자취하는 친구에게는 회사 내 모임이라며 적당히 이야기를 한 후 일찍 시외버스 정류장에 왔다. 직수 언니 집이 있는 시골 행 버스와 고향 행 버스가 바로 옆에 정차해 있다. 마음이 이상해진다. 저 차를 타면 한 시간이면 고향에 도착할 수 있다. 어머니도 뵈올 수 있을 것인데 겨우 집을 나온 지가 한 달 반 정도(63년 1월)인데 무척이나 많은 세월이 흘러간 느낌이다. 나중에 시집을 가면 이런 기분이 아닐까? 엉뚱한 생각을 하면서 직수 언니와 함께 버스에 몸을 실었다. 고향 행 버스가 먼저 출발하고 이내 뒤따라 차가 출발한다. 차가 가는 방향이 고향과 같은 방향이다.

한 시간여쯤 달리다 보니 시골 절 입구에 도착했다. 주차장 바로 뒤쪽 구멍가게가 직수 언니 집이다. 가방을 들고 가게에 들어가니 나이 얼쑤 잡수신 아주머니가 혼자 앉아있다. 손님이 들어오시는 줄 알고 뭘 드릴까요? 하며 일어서더니 딸을 보고 반긴다. 아무 기별 없이 온 딸을 보시니 더 반가운 모양이신지.

“야야 우얀 일이고?” 하시며 가방을 받으신다. 뒤따라 들어오는 사람이 있다는 것을 아시고 설이를 보고

“웬 처자고?” 하신다. 의아한 눈으로 바라보며 딸에게 묻는다.

“어무이(어머니) 같이 일하는 아 아인교(입니다).” 그러면서 설이를 보며

“설아 인사해라. 우리 어무이다(어머니다).” 설이가 꾸벅 머리를 숙인다.

“안녕하십니까? 언니와 함께 일하는 서립(설입)니다.”

“오야 잘 왔다.” 하시면서 먼저 방으로 들어가신다. 둘은 뒤따라 들어간다.

조그마한 점포에는 날 일자(日) 방으로 통하는 방문과 출입문이 마주 보고 있으며 그 외벽 쪽으로 물건이 진열되어 있다. 점포 중앙 작은 장소에 테이블을 중심으로 몇 개의 의자가 놓여있다. 혼자 가게를 꾸려 가시며 생활하신다. 주차장을 이용하시는 시골 버스 손님들이며 기사분이며 회사 관계자들에게 담배며 음료수며 간단한 문구류 등을 파신다. 외지에 다녀오시는 손님이나 외지로 나가시는 손님들이 차 시간에 맞춰 잠깐 동안 물건을 진열해 놓은 곳 의자에 앉아 쉬시다 가시기도 하고 혹 여러 부류의 손님을 받을 시는 간혹 바깥방을 이용하시기도 한다.

장사가 잘된다고 할 수 없어도 딸과 단 두 식구이니만큼 큰 욕심을 내지 않고 생활하니 어려움은 모른다. 이 장사로 다른 수입이 없어도 딸은 조금은 멀리 떨어져 있는 남녀 공학인 중학교를 나올 수 있었다. 중학교를 졸업한 딸아이가 한 2여 년 어머니 심부름이다 아니면 잠깐 어머니가 자리를 비운 사이에 물건도 팔다 하더니 시골구석은 싫다 하고 더욱 치근덕거리는 기사 아저씨들이 가끔은 많이 컸다며 은근슬쩍 엉덩이를 만진다든지 농이지만 뽀뽀하자며 입술을 내민다든지 짓궂은 행동이 싫다며 도회로 나간다며 지금의 직물공장에 취직을 하여 집을 떠난 지 벌써 햇수로 2년이다. 그러고 보니 직수 언니가 설이보다 나이가 한창 위일 것이다 느꼈는데 겨우 한 살 차이다. 언니가 아니라 친구라고 하는 편이 서로에게 좋을 것 같다.

설이는 언니 집에서 첫 밤은 잠자리가 바뀌어서 그러한지 좀체 잠을 이루지 못했다. 바깥방에는 언니 어머님이 혼자 주무시고 설이는 언니와 함께 나란히 요를 깔고 이불을 덮는다. 눈을 붙이다 말고 생각이 나래가 된다. 동쪽 그리 멀지 않은 곳에 어머님이 계신다 생각하니 더욱 잠을 이룰 수 없었다. 몇 시간이나 뒤척이다 겨우 새벽녘에야 잠이 들었다. 얼마나 잤을까? 먼저 일어난 언니가 깨웠다.

이튿날 아침 언니가 자기 어머니보다 일찍 일어나서 가게 문을 연다. 그리고 뒷방으로 들어와 설이를 깨우려다 곤히

자는 모습을 보고 아마 늦게 잠든 모양이라 생각한다. 조금 더 자라며 이불을 어깨까지 올려주고 나간다.

아침밥을 지어 자기 어머니와 먼저 식사를 하고 설거지까지 마쳐도 설이는 일어날 줄 모른다. 그러고도 한참을 지난 후에야 잠을 자서 그렇지 아마 지금쯤은 배가 고플 것이다 생각해서 다시 깨우려 방문을 열고 보니 설이는 이불을 말끔히 개어놓고 방을 훔치다 말고 들어오는 직수 언니와 눈이 마주친다.

설이가 "언니 나 많이 잤지?" 하며 방긋 웃는다.

직수 언니는 설이의 얼굴을 바라보며 보조개도 참 예쁘다 생각한다.

"설아! 밖을 봐. 온통 하얗게 눈 덮여 있다." 다시 언니가 말을 한다.

"아침 먹고 우리 절에 가 보자." 분란을 떤다.

설이는 아침을 먹는 둥 마는 둥 하고 얼마 떨어지지 않은 절을 향해 직수 언니와 어깨를 나란히 하고 길을 나섰다. 산사의 오솔길은 한 뼘 눈이 쌓여 있다. 나무들은 온통 밤사이 내린 눈에 덮여 눈꽃으로 장관을 이룬다. 한 점 티끌도 없다. 푸릇푸릇 산에 백색의 눈이 뿌려져 온통 산을 하얗게 물들였다. 흰색으로의 완벽한 도배이다. 넓은 들에도 좁은 산골짝에도 신이 팔을 펼쳐 하얀 물감을 뿌리기 시작하더니 한순간에 온 세상을 완벽하게 일사분란하게 빈틈없이 눈이란 흰 벽지로 도배를 마친 것이다. 또 눈이 오는가 싶더니 쌓인 눈에 또 눈이 내리니 더러운 것 하나 없는 흰 나라의 향연이라 할 정도로 온 세상천지가 하얗다. 한순간이다.

만일 사람이 이렇게 완벽하게 온 천지를 눈으로 덮으려면 얼마만 한 시간과 노력이 필요할까? 물어볼 필요도 없이 인간의 힘으로는 불가능한 일이다. 인간이 할 수 있는 일은 한정적으로 어느 한 곳을 파괴할 때는 순식간에 할 수 있지만 무엇을 만들고 쌓고 건설하는 데는 많은 시간과 물질과 노력이 필요한 것이다. 아닌 이야기로 원자탄 한방이면 온 도시를 순식간에 파괴하고 수많은 사람들의 목숨을 앗아갈 수 있지만 파괴되기 이전의 도시를 다시 건설하는 데는 상상을 할 수 없을 정도로 시간과 노력과 물질을 쏟아 부어야 하는 것이다. 더욱이 죽어간 많은 생명체는 다시 살릴 수 없는 것은 더욱 안타까운 일임에 틀림없다.

이것은 어쩌면 파괴의 본질이다. 파괴의 본질을 정의한다면 엄청 빠르고 한순간에 일어나며 돌이킬 수 없다는 것이다. 예를 들면 핵폭탄 한 개를 싣고 비행기를 몰고 어느 도시 상공에서 투하하면 온 도시하나를 눈 깜짝할 사이에 깡그리 파괴하는 것은 아주 쉬운 일이다. 그 반대로 파괴된 그 도시를 파괴되기 전과 같은 모습으로 건설하는 것은 엄청 어렵고 힘이 든다. 바꿔 말하면 파괴는 한순간이나 건설은 돈과 많은 시간과 노력과 지혜가 있어야 가능한 것이다. 2차 대전

말기에 미국의 원자탄이 일본의 두 도시를 완전히 파괴하는 데 걸린 시간은 그리 길지 않았다. 비행기 두 대에서 떨어뜨린 사상 유래 없는 폭탄은 두 도시를 완전히 폐허로 만들었다. 파괴의 본질을 이해하는 데는 이만한 교훈이 없을 것이다. 그 후 인간의 힘을 과시라도 하려는 듯 소련이 1959년 세계 최초로 달 탐사선 루나 1호를 발사 성공하였고 이어 1961년 4월 12일 인류 최초로 우주인 유리가가린을 배출하여 우주를 탐사할 수 있는 길을 마련하여 인간의 무한한 힘을 과시하기도 하였다. 뒤질세라 이에 놀란 미국이 많은 시간과 노력으로 닐 암스트롱을 달에 보내었으며 달에 발을 디딘 최초의 지구인이 되었다. 실질적인 달 정복의 역사 아니 우주 탐사의 역사를 구소련을 앞질러 다시 쓰게 한 것은 미국의 우주 탐사의 역사가 한발 앞서가는 것을 증명한 셈이다.

처음에는 도토리 키 재기 하듯 비춰지던 미국과 구소련의 우주 탐사의 역사는 많은 진전을 가져온 기회를 만들게 하였지만 먹고 사는 문제에 있어서는 하등 도움이 되지 못하였다. 그로 인한 후유증이 구소련 연방을 붕괴시킨 여러 가지 원인 중 하나가 아니었을까? 개인도 어느 집이건 자기 힘에 부치는 일을 하다 보면 파산하는 이치와 한 뼘 비켜 감이 없을 것이다. 나라나 개인이나 덩치가 아니 경제 규모가 작고 큰 차이일 뿐이라는 생각을 가진다.

인간도 어떤 사람을 만나느냐에 따라 한 인간의 운명이 달라지듯이 국가도 어느 국가와 동맹을 맺느냐에 따라 국가의 운명도 달라지며 그 속에 사는 많은 사람들의 운명 또한 바뀌지는 것이다. 역사가 그것을 증명하고도 남음이 있다. 중국과 소련과 동맹을 맺은 북한은 못살고 미국과 동맹을 맺은 한국은 잘사는 것은 어느 나라와 잘 지내느냐에 따라 백성의 삶의 질도 달라지는 것이다.

일제 강점기 시절 수많은 조선의 백성들 중 나이 조금 많은 남정네는 아오지 탄광으로 군함도로 밀림의 숲으로 부역에 몸부림쳤다. 청년은 남태평양으로 동남아시아로 중국 대륙으로 남의 나라 총알받이로 끌려가 전쟁의 희생양이 되었다. 또 처녀들은 취직이란 미끼에 속아 돈을 벌겠다고 또 어떤 아가씨들은 영문도 오르고 주재소 형사나 동사무소 직원에게 끌려 만주로 필리핀으로 동남아로 끌려가 태평양 전쟁터에서 군인들의 노리개로 자기의 귀한 몸을 여러 남정네에게 빼앗기는 여물지도 않은 어린 여성들도 많았다. 하느님이 정한, 한 남자는 한 여자를 만나 자기 부모를 떠나 가정을 이루는 하느님의 말씀을 어기는 언젠가는 하느님의 지엄한 벌을 받아야 하는 인간으로서 하지 말아야 하는 짓을 한 군국주의 일본인 그들이다. 대한민국 분단의 역사 그 원인 제공자는 소련과 중국을 등에 업은 이북 김일성이며 그 집단이다. 그러나 거슬러 올라가면 일본 제국주의자들이 한반도를 집어삼키지 않았다면 그들이 조선을 식민지로 만들지 않았다면 비극의 조국분단은 애초부터 일어나지 않았을 것이기 때문이다. 왜냐하면 소련이 북쪽에서 이 땅으로 내려올 일도 미군이 남쪽에 진주할 일도 없었기 때문이다. 그런 일본인데도 한국전쟁이 끝나고 세월 흐르고 나니 이제는 엄연한 우리 영토인 독도를 자기네 영토라고 막말을 하는 철면피들이다. 아닌 이야기로 설혹 예전에 자기네 영토라고 하더라도 한국동란의 처참한 동족상잔의 아픈 그 역사를 보았다면 또 분단의 역사 앞에 몸부림치는 이웃 국가의 아픔을 함께 아파한다면 또 그 이전에는 자기 선조들이 저지른 임진왜란 정유재란 그 살육의 만행을 사죄하는 의미에서도 자기 영토라고 말 못할 것인데 옛날부터 명백한 우리의 영토인 독도를 지금에 와서는 자기 영토라 우기니 이러한 조무래기 동네 깡패 같은 행동이 어디 있을까? 이 지구상에 있어서는 절대 아니 될 깡패 국가가 아닌가? 심히 의심이 간다.

설이는 직수 언니와 함께 오솔길을 걸으면서 많은 생각에 잠긴다. 학교는 자퇴서를 쓰지 않았으니 아직 학생 신분을 그대로 유지할 수 있을 것이지만 그도 무한정일 수 없을 것이다. 짬을 내어 담임선생님을 찾아 만나 뵙고 그간의 사정을 말씀드리고 의논을 드려야겠다. 어쩌면 잘 말씀드리면 졸업장은 받을 수 있을 것이다. 그간 밀린 공납금과 기성회비 정도만 내면 담임선생님께서 선처에 앞장을 서 주실 것이다. 그만한 돈은 앞으로 일을 하면 만들 수 있을 것이니 그리 염려할 일은 아니다. 걸어가면서 직수 언니는 계속 말을 걸어온다.

“여기 참 조체?” 라든지

“여기는 어떠니?”

“저 나무 참 굵고 우람하다.” 주위에 산재해있는 나무나 바위나 돌 풍경에 대한 단문이다. 그때마다 보이는 대로 느끼는 대로 답을 한다. 그리고 자기 나름의 생각을 정리한다.

가을 미팅을 함께했고 외삼촌에게 얘기하여 설이를 취직시켜준 은주에게 알아봐 달라 부탁했다. 선생님은 앞으로 계속 결석을 하면 출석일수가 모자라 졸업이 어렵다면서 담임선생님께서 설이가 계속 결석을 하는데 어디 큰 병이라도 들었나? 아니면 집에 무슨 일 있나? 우얀 일이고 통 연락도 없으니 은주보고 금호 가던지 한 번 알아 봐라 말씀하셨다는 것이다. 설이는 옆에 직수 언니와 함께 나무 사이를 걸으면서 온갖 생각에 빠진다. 처음 몇 번인가는 언니가 계속 묻더니만 설이의 대답하는 모습을 보니 진지함이 없고 앞만 바라보고 걸으면서 대답은 건성이며 단답이다. 무엇을 골똘히 생각하는 눈치다. 그러다 보니 언니도 말을 걸지 않고 많이 생각하라는 듯이 미끄러운 눈길을 땅만을 보면서 침묵으로 발길을 옮긴다.

하늘에서는 여전히 눈을 계속 뿌린다. 이제까지 내리지 않았으니 한꺼번에 모든 것을 다 내려 보내려는 듯 쉼 없이 눈은 내린다. 얼어붙은 개울물이 흐르던 곳에도 물은 얼어있고 얼음 위에도 눈은 탐스럽게 소복하게 앉아 무엇인가 속삭이듯 얘기를 하는 것 같다. 나같이 희어져라 깨끗해져라 왜 그렇게 지저분하냐? 더러운가? 너도 희고 나도 모두가 희지 않느냐. 어제까지만 해도 개울 근방에 바위들은 불에 탄 듯 시꺼멓게 볼품없었는데 무엇이 너로 하여금 이렇게 천지개벽하듯 하루 아침에 이렇게 희어졌느냐? 깨끗해졌느냐? 잠깐 사이 새까만 구름이 하늘을 덮는가 하였더니 온 세상을 하얗게 변화시키는 모습은 인간의 힘이 크다 하나 이러한 자연 현상을 보면서 보잘 것 없음을 다시 한번 뼈저리게 느낀다. 한창 하얀 눈이 소리 없이 내릴 때는 눈을 지그시 감고 걸으면 얼굴에도 아니 눈 위도 눈이 잠깐 앉았다 없어진다. 떨어진 것 같기도 하고 녹은 것 같기도 하다. 손바닥에 물기가 있는 것을 보니 녹은 것 같기도 하다. 온통 천지가 하얗다. 이 풍경은 시가 되고 노래가 되고 정이 된다. 심한 바람이 한 움큼 눈을 쥐고 획 뿌리듯 하면 눈을 뗄 사이도 없이 시는 노래는 저 멀리 도망가고 얼굴을 돌리며 손으로 감싸고 피하기 바쁘다.

인간의 감정 변화란 주위환경의 영향을 받기 십상이다. 고고한 척 거드름을 피우다가도 하루아침에 변한 환경을 만나다 보면 내 언제 그랬어 하며 얼굴 붉히지도 않고 철면피같이 아양을 떠는 변심을 죽 끓듯 보는 인생도 많다.

그러다 보니 많은 사람들은 종이 나부랭이 같은 돈 앞에 아양을 떨며 갖은 철면피한 짓도 예사로 한다. 어떻게 하든 많이 가지려 한다. 어쩌면 죽으면 하나 쓸모없는 것들을 가지고 말이다. 허긴 내 몸뚱이도 죽고 나면 하등 쓸모가 없는 것은 마찬가지 아닌가? 어른 같은 생각을 한다. 골똘한 생각 중에 어디서 왁자지껄한 소리가 들린다. 앞을 본다. 조금 떨어진 곳에 한 무리의 사람들이 보인다. 자세히 보니 젊은이도 있고 약간은 세월 보낸 이도 있고 한 무리의 남녀가 절을 돌아서 나오는지 떠들면서 걸어온다. 멀리서 봐도 사람의 윤곽이 잡힌다. 걸어오는 사람 가운데 훌쩍하니 키 큰 사람이 한눈에 들어온다.

14. 우연의 반복은 필연이다

어디서 많이 본 얼굴이다. 점점 가까이 다가온다. 옆을 스치며 지나가는 얼굴에 고개를 돌리다 말고 정면으로 바라본다. 멀리서 봤을 때 틀림없는 오빠였다. 언뜻 바라본다. 오빠 같은 사람도 자기를 보는 것 같았다. 그리고 무어라 아는 척하는 모습이다. 큰일 났다 싶었다. 이제 죽었구나 생각하며 오던 길 되돌아갈 수도 없고 이젠 오빠에게 잡혀 집으로 갈 수밖에 없겠다 싶었다. 짧은 시간이지만 이런 우연이 어디 있나 싶다. 큰 키며 얼굴 생김새며 걸음걸이며 연상 오빠다. 쌍둥이라 할 정도로 닮아도 너무 많이 닮았다. 피할 생각도 못 하고 마주치면 여러 사람들이 있는 가운데 뭐 어쩌려고 그때 분위기를 봐서 슬쩍 도망을 가던지 하면 될 것이다.

혼자 작정하고 속으로 계획까지 세운다. 마음을 다부지게 먹고 오는 사람을 마주 본다. 오빠와 많이 닮은 사람과 눈이 마주친다. 그 사람은 설이를 보면서 껌벅 윙크인지 눈을 감았다 뜨며 씩 웃으면서 지나간다. 그때서야 설이는 후유 안도의 한숨을 몰아쉰다. 오빠가 아니었다. 지나가는 그 얼굴을 고개를 돌려 시선을 쫓아가면서 가만히 본다. 본새는 같으나 다르다. 분위기는 많이 닮았으나 분명 오빠는 아니었다.

오빠에 대한 왈칵 미운 생각이 가슴에서 부글부글 끓어오른다. 오빠의 고집만 아니었다면 지금쯤은 대학입학을 위해 열심히 공부할 것인데 이렇게 공장에 입사하여 실을 뽑는 일은 하지 않아도 될 것이며 일요일 짬을 내어 이런 산사 오솔길을 걷고 있을 까닭이 만무한데 생각지도 않게 공장 생활을 하면서 직수라는 이름을 가진 언니의 보조로 색다른 삶을 가려 한다. 굴곡의 삶에 발을 들여놓지 않아도 되는데 생각할수록 분통이 터지고 오빠가 미워진다.

언제쯤이면 이런 마음이 없어질까 마는 지금은 도저히 미운 오빠에 대한 감정을 지워버릴 수가 없다. 그런데 이상하게도 오빠를 닮은 이 사람을 보면서 마음이 쓰이는 것은 또한 무슨 이유에서일까? 가까이 있으면서 가까이 하면서 무엇이나 다 간섭하고 잔소리하고 반대하고 이유를 달고 많이 자주 괴롭히는 것에 대한 복수하려는 비뚤어진 내 마음 탓에서일까? 간섭도 잔소리도 다 격이 있다. 사랑으로 애정으로 간섭이나 잔소리가 있는 반면에 정말 미워하는 경우도 있는가 하면, 별다른 감정이나 또 다른 무슨 목적이 없어도 습관적으로 하는 경우도 있다. 듣는 사람의 입장에선 사랑이나 애정에 의한 경우에는 별다른 문제가 발생하지 않지만 그 외 경우에는 받는 사람으로 하여금 상처를 만든다. 이러한 상처는 어른 될 때까지 계속 앙금으로 남으면 심한 경우에는 당하는 사람은 트라우마(정신적 외상)가 되어 정신과 진료를 받아야 하는 경우까지 생긴다. 옛날 말에 듣기 좋은 꽃노래도 한두 번이라는 우리나라 속담은 시사(示唆)하는 바가 크다. 집을 나오기 한 달 전까지 떼 간섭만 간섭이었다. 아닌 이야기로 밥 먹을 때 소리 낸다며 오빠는

"가시나가 밥 먹는 것이 거기 뭐꼬?"

"쩝쩝 소리 나게."

"시집가서 시아버지 앞에서도 그래라."

"가정교육 못 받았다는 소리 듣구로."

"좀 조용히 얌전히 못 먹나."

"가시나가 볼썽 싸납구로." 하신다. 함께 밥을 자시든 어머니가 듣다못해 한마디 하신다.

"야가 온갖 것 다 간섭한다. 내 귀에는 아무 소리도 들리지도 않는데." 어머님이 도리어 역정을 내시며 아들의 말을 가로막는다.

"야야 니가(너가) 말하는 소리가 더 시끄럽다."

"실 때(쓸 때) 없는 잔소리 하지 말고 니나(너나) 밥무라(먹어라)." 그래서 오빠의 하던 말을 중지시켰으나 설이는 오빠가 자신을 미워해도 너무 미워하는 것이라 생각하면서 이는 단순한 어떤 미움보다도 앞으로 일어날 일들에 대한 하나의 예방 차원이다. 이는 대학이란 문 앞에서 가족이란 울타리는 형제간에도 자기의 이해에 따라 이렇게 다른 모습으로 얼굴을 들이 내밀고 있다.

오빠라면 왜 무엇 때문에 대학을 가지 못 한다, 갈 수 없다고 동생이 알아듣게 자초지종 이야기하면서 설득해야 함에도 모든 것을 다 생략하고 윽박지르고 간섭하여 주저앉히려 한다. 조근 조근 이야기 한다고 마음을 바꿀 오빠가 아니라는 것을 아는 동생 설이는 인격을 갖춘 하나의 인격체이니만큼 되지 않을 일을 뻔히 앎으로 튈 도리밖에 없는 것이다. 설이는 집 나온 가장 큰 이유는 오빠의 이런 안하무인의 독선적 행동에 있었다. 어떤 때는 아무 일 아닌 것 가지고 꼴 보기 싫다는 말을 예사로 하니 자리보전할 장사가 천지에 어디 있을까?

미운 정도 누가 정이라더니 그 고맙지 않은 정 같지 아닌 정 때문일까? 사람의 마음 참 알 수 없는 것이다. 자신에게 아무리 잘해 주어도 미운 사람은 미운 것이고 자기에게 잘못했어도 정이 가는 사람 또한 있기 마련이다. 그러고 보니 많은 사람 중에 불세출의 영웅이란 다른 사람이 아니고 사람의 마음을 잡는 사람 또한 그러한 범주에 속하는 사람이 아닐까? 생각해 본다. 많은 군중 앞에서 포호(咆號)하는 명연설로 군중을 사로잡는 그러한 특출한 언변을 가진 사람일 것이다.

연설자는 진실된 마음이 없이 입술에 발린 말 한마디로 온 대중을 사로잡는다면 이는 희대의 사기꾼일 뿐이다. 이러한 사람이 지도자가 된다는 것은 그 사람의 됨됨이에 따라 나라는 결단날 것이며 나라의 운명 또한 잘못된 길로 가는 것이 불을 보듯이 보이는 것이다. 옛날 우리 어른들은 말을 잘하는 아이보다 우직하지만 말은 어눌하지만 성실한 아이를 우위에 두었다. 저 아이 번드르르하게 말 잘하는 것 보니 저 아이 글렀다. 크면 사기나 치면서 속이면서 밥술이나 먹겠다. 이렇게 말을 잘하는 것을 경계하셨다. 그러니 웅변학원도 말 잘하는 아이를 가르치는 게 아니라 성실한 아이 진실한 아이 남을 배려하는 마음을 가진 인간다운 아이를 먼저 만들고 그 후에 말을 잘하도록 훈련해야 하는 것이다.

또 하나 더 우리가 간과하지 말아야 할 것이 있다. 보통 아이들은 술버릇이 고약한 주사(酒邪)가 심한 아버지 밑에서 자라도 보면 자기도 모르는 사이에 그 잘못을 배우게 된다. 주사가 심한 사람을 분석해 보면 금방 알 수 있을 것이다. 술버릇이 나쁜 사람 가운데 어떠한 일이 있어도 자기는 자라 어른이 되면 아버지 같은 사람은 되지 않겠다고 다짐하지만 의지가 강하지 않은 사람은 자기 의지대로 행동하지 않고 자기도 모르는 사이에 보고 배운 대로 행동하는 사람들을 본다. 즉 술을 많이 먹었다 하면 자기 아내에게 손찌검을 하는 아버지를 봐온 아들이 자기도 모르는 사이에 아버지를 닮아가는 것이다. 그리고 장가를 가면 술을 먹었다 하면 아내에게 손찌검을 하는 것이다. 해 놓고는 후회하고 또 다시는 그러지 않겠다고 약속을 한 후에도 또 그 버릇 개 못 준다는 속담과 같이 같은 짓을 반복하는 것이다. 우리가 담배를 끊어야지 하는 사람을 보면 금년 프로그램을 벽에 붙여놓고 실천하기 위해 애쓰는 사람을 본다. 물론 성공한 사람도 없지 않지만 실패한 사람이 더 많다. 담배는 내일 끊어야지 모레 끊어야지 무엇을 하고 난 후 끊어야지 하는 사람은 십 중 구구 끊지 못한다. 끊어야지 마음먹으면 지금 당장 이 시간부터 아니 생각나는 지금 이 순간부터 끊어야 한다. 그래야지만 진정 끊을 수 있다. 어떤 가정에서 어떤 부모 밑에서 자라느냐? 가정의 중요성은 백번을 얘기해도 모자람이 없다는 것은 위의 경우를 봐서도 명백한 것이다. 보고 배운 것이 이러한 것뿐이라면 어지간히 노력을 해도 되지 않는 것이다. 정말이지 담배를 끊기 위해서는 손가락을 단칼에 끊어버리는 아픔을 참을 정도로 노력하지 않으면 고치기 어려운 법이기 때문이다.

백번 강조해도 지나치지 않습니다

가정의 중요성은 마무리 강조해도 지나치지 않습니다.

다음세대의 주인인 우리 아이들 마음도 몸도
자라는 곳이기 때문입니다.
어떤 사람으로 살아가느냐 하는 것은
부모가 어떤 사람으로 살았는가? 답을 줍니다.
선하고 착한 부모 슬하에서 자란 아이들은
선하고 착하게 살아가기 마련입니다.
어린 아이들은 자기 부모가 잘 사는지 못 사는지
모르는 것 같아도 뻔히 잘 압니다.
잘못인지 알면서도 배우며 따라합니다.
싸움이 잦은 부모를 둔 아이는 빗나가기 쉽습니다.
아이들을 건강하게 자라게 하려면
부모들이 잘 살아야 합니다.
콩 심은데 콩 나고 팥 심은데 팥 나는 법입니다.
우리 모두 명심합시다.

중매쟁이가 왔다 갔다. 있는 말은 더 보태고 없어야 할 말은 빼고 또 양가 다 듣기 좋은 말로만 각색을 하여 결실을 맺게 한다. 이 집 사정 저쪽 집 사정 거의 다 잘 아는 서로 이웃에 사는 말이 번지르르한 뚜쟁이의 여러 말솜씨에 조그마한 거짓말은 혼인에는 양념이란 주변 사람들의 훈수도 있고 하여 허락을 한다. 신랑 각시는 그저 어른들의 결정을 좇아가다 보면 자기 의사는 없고 선을 봤는지 당체 의문이 갈 정도의 마음이다.

첫날밤 치르고 서로가 아침이 밝아서야 정색을 하며 떡칠한 얼굴을 벗기고 본 얼굴 보기는 처음이라 속으로 조금 못나도 곰보 째보가 아니면 된다며 마음 졸이다 생각보다 얼굴이 반반하고 남자는 허우대가 멀쩡하니 남녀 둘 다 다행이라 안도의 한숨을 쉰다. 그리고 몸 섞어 아이 낳고 세월 흐른다. 몸도 주었으니 마음인들 못줄 쏘냐 하며 살아온 세월이다. 나이 들면 지난 그 세월이 아까워서도 남의 편이란 남편이 씨앗을 보고 다른 몸에 아이 낳고 여러 수십 번 바람을 피워도 정 때문이라기보다 살아온 세월이 아까워서 살아야지 생각되기도 하지만 헤어지면 친정에서 반겨줄까? 여필종부란 허울 좋은 조선조 건국이념(고려를 무너뜨리고 자기들 정권 탈취 후 백성들의 인심을 얻기 위한 하나의 방편으로 만든 유교사상)으로 살아온 조선 백성의 삶이 그럭저럭 세월 흘러 하나의 돌이킬 수 없는 지켜야 할 윤리 도덕이 되어 아녀자들을 꼼짝 달싹 못하게 옭아매어 풀 수 없는 쇠사슬이 된 긴 세월, 획 내던지고 싶은 진심을 억누르고 살아야지 하는 마음과 또 다른 갸륵한 마음인 딸린 새끼들은 어떻게 하고, 어쩔 수 없이 미워도 견디며 살아온 조선의 여인들이었다. 우리들의 어머님들이 그리 사셨고 주위에 사대부가는 물론 몇 되지 않은 민촌(民村) 여인들조차도 밤이면 아이 낳는 기계로 농촌에는 일손을 돕는 반 농사꾼으로 논으로 밭으로 일하다 말고 참을 날라 주는 고달픈 삶, 지아비는 씨앗 뒹굴며 살

맞대고 쾌락에 젖은 긴긴밤에는 호롱불 아래에서 손베틀에 앉아 길쌈하며 가족의 옷이며 이부자리를 해결하며 살아오셨다. 한이 쌓여 한 손으로 북을 당기며 한 발로 밀며 흥얼거리는 노래가 한을 푸는 유일한 방법이었다.

여필종부(女必從夫)라며 열녀라며 칭송하며 기리는 것도 다 남성 중심 사회의 정당성을 확보하고 체제를 유지하기 위한 한 수단이며 사탕발림이었다. 조선사회 처첩(妻妾)을 거느리고 거들먹거리는 것은 남자로서는 자랑이었으면 자랑이었지 절대 수치(羞恥)는 아니라는 사회 통념은 더 많은 아녀자를 울렸고 사대부가(士大夫家)뿐만 아니라 이를 흉내 내는 무지렁이들 아니 어정쩡한 이들, 하는 일 없이 빈둥거리며 놀며 투전판이나 기웃거리며 이도 저도 아닌 반풍수(半風水)들도 흉내를 낸다. 그러니 어지간히 먹고 사는 집안에서는 다들 처첩 거느리기를 좋아하였다. 처첩들은 조금은 모자라고 부족해도 조금 심하게 말하면 도마 위에 올린 고기처럼 씻지 않은 몸으로 벌거벗고 누워있어도 크게 흉이 되지 않았다. 누구의 소실이다 하며 남들의 입방아에 오르내려도 의레 그럴 것이다 생각했으므로 이해되고 용서되었다. 어떤 일을 하든 본처는 엄격하게 윤리 도덕 사회규범의 잣대를 들이댔지만 처첩에게는 의례 그러려니 하며 느슨해진 잣대는 남정네들의 편리의 도구는 아니었을까? 남성 중심사회가 갖는 어떤 규범의 제정도 남자인 저희들끼리만 쑥덕쑥덕 그 어떤 통제나 제어 장치가 없었다. 불교가 그런 역할을 했어야 했으나 산중에 은거하여 세속의 일에는 하등 신경을 쓰지 않았으며 유교는 어떤 의미에서 남성 중심 사회의 해악을 두둔 옹호한 측면이 강했다 할 수 있다. 삼강오륜, 부부유별, 여필종부, 칠거지악(지난날 유교에서 아내를 내쫓을 수 있는 일곱 가지의 조건을 이르는 말. 곧 부모에게 불순함, 자식이 없음, 음행, 투기, 나쁜 병) 하다못해 삼강오륜의 하나인 부위부강[夫爲婦綱 (남편과 아내 사이에 지켜야 할 도리. 이도 아내는 남편을 섬겨야 한다. 여자에게만 강요한 것은 아닐까?)]이란 말로 여자들에게만 족쇄를 채우지 않았나 생각된다.

해방과 6 · 25 한국전쟁의 동족상잔이란 비극이 나라를 온통 두 동강으로 쪼개졌으며 민족분열이 극에 달해 단군 이래 일찍이 경험하지 못한 기막힌 삶의 몰골들이 더 많은 우리들 어머니들의 절규가 지금까지도 이어지고 있는 것이다. 토지개혁으로 많은 농민들이 자기 소유의 토지를 갖게 되어 소작인의 굴레를 벗어났으며 또 이러한 제도의 개혁은 빠르게 양반 상놈이란 신분 사회가 허물어지고 더욱 6 · 25 한국동란은 살육과 파괴로 온 도시 농촌 할 것 없이 불구의 몸같이 부서지고 망가졌다. 또 한편으로는 구시대로부터 새로운 시대 새로운 세상으로 눈을 돌리게 하였다. 미군의 진주는 빵과 껌과 춤과 함께 새로운 문물에 눈을 뜨게 하였다. 일부일처제의 정착은 기독교를 믿는 사람들로부터 서서히 정착되어 갔다.

시대의 흐름도 많은 변화를 가져왔다. 처첩에 대한 그 어떤 단죄나 제재가 없었던 것은 사회 전체가 유교적 가부장 제도가 사회 전반을 지배하고 있었으며 관용이란 아름다운 미덕이 존재했기 때문인지는 몰라도 많은 세월 흐른 후에야 공직사회에서 제일 먼저 처첩을 거느린 공무원에 대한 제재가 있었다. 이때까지도 많은 우리들의 어머니들이 씨앗을 보고도 질투를 하기보다는 참고 인내하며 스스로 속을 썩이면서 눈물과 한숨으로 세월을 보내며 종래에는 단념하는 결심은 자신의 건강을 지키며 갈등과 불화로부터 가정을 지키고 자식을 보호하는 하나의 방패였다. 분노는 하지만 나타내지 않고 감내하며 슬픔을 안으로 삭이는 방법은 현명한 선택은 아닐지 몰라도 자신과 자식을 위한 지혜로운 처신인 것이다. 사대부가의 후손이라기보다 농촌에서 선대가 물려준 십여 마지기 농사와 어렵사리 농고를 졸업하고 어찌어찌하다 군청에 근무하게 되어 식솔들 밥걱정은 하지 않게 되었다. 그는 일찍 장가를 들었다. 2살이나 많은 손위 여자를 아내로 맞아 줄줄이 아들딸 낳고 살아왔다. 그 세월 동안 잔재미조차 전혀 없는 아내, 사는 맛이라고는 없는 아내, 부부간의 운우(雲雨)의 정에 대해서는 아는 것이 없는 아니 알더라도 마음속에 넣어두고 감추어야 하는, 그러다 보면 아예 그렇게 길들여지고 마는 여인들 중 하나인 아내 몸은 언제나 단정하며 조신(操身)하며 두 귀로 들어도 듣지 않은, 두 눈으로 보고도 못 본 척해야 하는 여필종부와 삼종지도는 조선조 여인들이 풀 수 없는 기막힌 족쇄이었다. 지아비의 말은 하늘같이 받들어야 한다는 조선시대 훈육을 귀가 아프도록 들으면서 자랐었다. 어려서는 아버지 말씀을 어겨 본 적 없고 시집을 가서는 남편이 하는 일에 목소리를 내는 것은 생각해 본 일도 없었다. 타고난 천성 또한 어질어서 근본적으로 말썽을 일으킬 여인은 되지 못했다. 그러니 남편으로서는 아무 거리낌이 없었다. 음식이면 식상(食傷)할 대로 식상하였으니 버리기라도 하겠으나 사람이니 버릴 수도 없고, 농사일이다 여름철 뙤약볕에 그을려 처녀 때도 예쁘지 않던 그 얼굴이 많지 않은 나이인데도 검은 얼굴에 잔주름마저 보이기 시작하니 나이보다 한 열 살은 더 보였다. 저 화상(畵像)보고 있으려니 짜증이 났지만 그래도 조강지처(糟糠之妻)인데 애들 보기도 그렇고 고민 고민 하였다. 그런 여자이지만 아이 엄마로 시부모를 모시는 며느리로 집안 대소가의 일이며 나무랄데 없는 여자이었다. 그러니 자신에게 소홀할 뿐 아니 자신에게 소홀하다기보다 단지 욕망을 주체치 못하는 자신의 성적 도구로서 불만족이 이유라면 이유인 것이다. 그러니 내친다는 것은 꿈에도 생각할 수 없는 일인 것이다.

남자는 혈기 왕성한 중년으로 본능을 참기란 쉽지 않다. 더욱 그는 본능적으로 그 부분에서는 강하게 태어났는지 아니면 별다른 다른 취미나 오락이나 젊음을 발산할 그 무엇도 가지질 못했으니 가장 재미있는 놀이가 아니었을까? 자주 부부생활 중에 대놓고 아내를 구박한다. 기교가 없다느니 목석이라느니 나무토막이라느니 인격적인 모욕도 서슴지 않는다. 아내가 참는 것도 한계가 있다. 이젠 아예 어디 나가서라도 해결하라며 풀어놓은 처지가 되었다. 그러니 자연히 마누라인 자신은 감당하기도 어렵고 그렇다고 가만히 건성건성 대하는 마누라를 보면서 한 우물만 팔 위인은 더더욱 아니다. 티격태격 그런 날들이 계속되었다. 그러던 어느 날 남편에게 대놓고 당신 그렇게 불평이 많으면 나 당신이 어떻게든 머라카지(뭐라고 말하지) 않을 테니 술집여자랑 자든지 아니면 어디가 여자를 하나 데리고 놀든지 관계하지 않겠다며 노골적으로 씨앗 보기를 간청하는 형상이 되어버렸다.

옛날 말에 씨앗을 보면 돌부처도 돌아앉는다는데 이거야 원, 자기 아내가 먼저 씨앗 보라 하니 거꾸로 된 형상이다. 그러다 보니 이 집 남자 물 만난 고기마냥 설쳐 댄다. 으르렁거리며 먹이를 찾아 나서는 사자같이 눈을 부라리며 코를 벌렁거리며 끙끙거리는 형국이다. 어느 년이라도 걸리기만 해봐라 내 요절을 낼 것이다 생각하며 젊은 여자를 찾는데 모든 지혜를 발휘하였다.

훌쩍하고 늘씬하며 깡마르고 날렵한 체구에 생긴 바꾸는 나무랄 데 없다. 미남 배우형이다. 아닌 이야기로 배우라 해도 곧이 들을 만한 훤칠한 인물이다. 눈을 부라리며 찾는 중에 걸린 년이 바로 설이였다. 미래에 대한 꿈 그러한 일들에 대한 생각, 즉 각오라 할까? 다짐이라 할까? 확실한 신념을 가지고 있었지만 세상 돌아가는 이치 물정에 대해서는 숙맥이나 다름이 없었다. 고등학생이 가정 형편상 대학을 갈 수 없는 자기 처지를 헤쳐 나가려 자기가 벌어 스스로 대학을 가야 한다는 그 당위성 하나만으로 집을 뛰쳐나왔던 설이다.

어쩌다 굴러들어온 떡 덕분에 세상일에 마음 붙이고 살맛을 느낀다. 애초에 인연을 맺은 것이 계획적이거나 강압적이거나 그 어떤 물리적 방법도 동원하지 않았다. 마음이 여려 세상 물정을 모르는 갓 고등학교를 휴학하며 직물공장에서 일을 하며 돈을 모아 자기 힘으로 대학을 가겠다는 야무진 꿈을 가진 고등학생, 꿈도 많은 여자아이를 가슴팍에 품었다. 하루 밤을 새고 나니 만리장성을 쌓았다. 그리고 몇 달이 흘러 어느 날 참한 아가씨의 울음 섞인 전화를 받고 다시 만날 때에는 달랑 가방 하나를 들고 시골 다방 한구석에 죽치고 앉아있는 것이다. 난감했다. 이 일을 어떻게 처리해야 하나 골몰을 앓았다. 왜 그래, 물어도 대답은 않고 울기만 한다. 톡톡 어깨를 두드리며 달래 보기도 하고 불끈 목청을 높여 화를 내기도 하여 겨우 진정시키고 물어보니 사연인 즉슨 어느 월간 잡지에서 보니 그달 달거리가 없으면 임신이라는데 수중에 돈도 없고 겁도 나고 조금 있으면 구토며 딸꾹질도 할 것이고 그러다 보면 집에서도 알 것인데 만일 세상에 알려지면 불같은 오빠의 성질로 보아서 죽이려 할 텐데 어쩌면 좋으냐며 어떻든 갈 곳이 없다며 울고불고하는 통에 부엌이 달린 방 한 칸을 빌려 들여앉혀 놓고 병원을 가든 약국을 가든 하자고 하며 안심시켜 놓았다. 집에는 숙직한다 이러고 함께 여관방 신세를 졌다. 첫 경험을 갖게 한 후 오늘 두 번째 가슴에 품었다. 이게 잘한 일은 아닐 것이고 아주 죽일 놈의 짓은 아닐까? 걱정하면서도 아이를 안고 뒹굴 때에는 정신 나간 사람마냥 아니 마약 주사를 맞은 놈같이 생각할 겨를이 없었다. 자신의 감각기관 모두가 한 곳으로 집중되어 완전히 이성이 고갈되었다. 자기 나이보다 14살이나 아래인 애티가 나는 아이를 자기 맏아들과는 겨우 일곱 살 차이이니 딸 같은 아이를 이렇게 품어도 되는지? 윤리 도덕이니 사회규범은 생각지도 않았다. 밤이면 황홀경을 걷는다. 이 즐거움을 어떻게 마다할 수 있느냐? 누구 말마따나 삼수갑산을 가는 한이 있다 하더라도 자기 발로 굴러들어온 떡 먹지 않고 그냥 두는 성인군자 있으면 이리 나와 보라며 자기 합리화를 한다. 회포를 풀 듯 밤새도록 잠을 자지 않고 새벽녘에야 겨우 눈을 붙였다. 그리고 다음 날엔 무척 바빴다. 부엌 딸린 한 칸 방을 찾아 동분서주 한 덕에 군청에서 멀지 않은 곳에 방 한 칸을 빌렸다. 아무도 모르게 두 집 살림을 시작한 것이다. 처음 시작할 때는 조강지처 눈치 보느라고 아니 그보다 다 큰 아들이 알면 어떻게 생각할까? 고민을 했다. 또 직장 여러 상사나 동료들이 알까 보아 숨어 다녔다. 직장에서 퇴근하고 곧바로 작은 마누라 있는 방 한 칸짜리 집에 먼저 들렀다. 어떻거나 그때는 나 역시 젊은 나이이고 색시는 꽃다운 스물 운우의 정을 모르는 젊은 아니 아직 어린 나이의 새색시니 가슴에 품어 자기 혼자만 씩씩거리며 즐거움을 만끽했다. 미안하기도 하고 죄책감이 들기도 하였으나 그도 하루 이틀 조금 시간이 지나다 보니 아이쿠 이도 아주 즐거운 삶 지금 내같이 참한 새아씨 끌어안고 즐거워 몸부림치는 남자, 나 외는 없을 것이다. 있으면 나와 보라 그래 전쟁에서 이기고 돌아온 장군 같은 생각을 갖는다. 혼자 의기양양 한다. 잘못되긴 한창 잘못되었지만 잘못 배운 윤리 도덕이 한 여자에게는 죽어서도 처녀로 살게 하는 아픔을 준다. 시집가면 당연히 호적을 정리하여 남의 집 며느리 어느 남자의 아내 아이들의 어머니가 되어야 하지만 정리할 대상자는 엄연히 시퍼렇게 두 눈 뜨고 마누라 살아있는 남정네이니 갈 곳 없어 아버지 어머니 함자 밑에 파적하지 못하고 처녀로 늙어 죽어야 할 처지가 되고 마는 아픔은 생각할 겨를이 없었다.

장가들고 얼마 동안 신혼 재미보다 무엇인가 알고 저지르는 짜릿한 지금 이 시간이 비할 때 없이 즐겁다. 그런 하루하루 아니 공중을 붕붕 떠다니는 기분이다. 전에는 그러지 않았는데 요즘은 항상 싱글벙글한다. 처음 보는 사람들은 어딘가 조금 모자라는 듯 보이기도 했을 것이다. 그러한 시간들이 지나고 나니 어린아이가 어느 날부터 무엇인가 남녀 관계의 진정한 의미를 조금씩 알아챘는지 꼼짝도 않더니 관계 중 꽉 달라붙으면서 작은 신음을 내는 것이 제법 기교를 부린다. 본마누라와 살을 섞을 때와는 완전히 다른 새로운 세계를 경험한다. 지난 세월 신혼 초 아내와 살을 섞을 때와는 완전히 다른 이젠 농익어가는 밤송이가 완전히 벌어지며 밤알을 보여주듯 하니 이 아니 좋을시고. 한껏 자신의 숨은 실력까지도 발휘 표출시키고 싶을 만큼 몰입한다. 매일 집에는 들리니 신혼에는 그도 매번 하던 일 일주일이나 보름 그냥 지나치다 보면 의심을 받을 것이니 의무 방어전도 또한 해야 한다. 어떤 날은 초저녁에는 새색시와 떠오르는 초승달을 보며 즐거움을 누리고 깊은 밤에는 하늘 가운데 홀로 외로워하는 구름에 가린 만월의 달을 위로하듯 의무 방어전을 치른다. 그래도 어떻든 젊은 나이이다. 체력 왕성했으며 기초 체력 또한 단단했다. 부모로부터 물려받은 체력 자체가 천부적이며 선천적으로 강골로 태어난 것이다.

어떤 날은 씩씩 거리다가도 문득 어제저녁 의무 방어전을 치를 때 하고는 전혀 다른 느낌이 든다. 통나무를 앞에 두고 도끼로 장작을 팰 때 걸리는 긴 시간 노동은 재미는 없다. 팔에 힘이 빠지고 땀만 흐른다. 그냥 쉬고 싶은 마음뿐이다. 그러나 지금은 완전히 다르다. 다 같은 힘을 쏟는데도 힘들지 않다. 조금 디다 싶으면 잠깐 멈추었다 다시 시동을 걸면 언제 그랬느냐는 듯 싱싱 발동이 제대로 걸린다. 충전의 시간은 짧고 가동의 시간은 엄청 길다. 이러한 현상은 혼자의 힘만으로 동작만으로 되지 않는 모양이다. 음양의 조화가 한결 같아야 가능한 일인 것이다. 뒤에서 옆에서 위에서 아래에서 사방팔방에서 만져주고 얼려주고 감싸주고 서로가 살갑게 해주어야 가능한 행위들일 것이다.

설이는 저녁에 남편이 본가에 가기 전 들려 반찬거리라도 사라며 얼마간 던져주는 돈을 들고 아침 겸 점심을 먹고 어수룩하게 변장을 하고 다른 사람의 눈을 피하여 시장에 간다. 혹 지나다니다 아는 사람을 만날까, 덥수룩하게 꾸민다. 자신이 자신을 봐도 수월찮게 나이가 들어 보인다. 여자 팔자 뒤웅박 팔자라는데 지금의 내 신세가 과연 어떻게 될 것인지 불안하기 짝이 없다.

모처럼 시장에 나가 이것저것 찬거리를 좀 사고 집이라기보다는 방구석으로 돌아왔다. 바깥바람을 조금 쉬고 들어오니 조금은 살 것 같다.

문학세계대표작가선 979

능금나무와의 사랑

권동웅 작품집 제3집

인쇄 1판 1쇄 2022년 10월 24일
발행 1판 1쇄 2022년 10월 31일

지 은 이 : 권동웅
펴 낸 이 : 김천우
펴 낸 곳 : 도서출판 천우
등 록 : 1992. 2. 15. 제1-1307호
주 소 : 서울시 성동구 무학봉28길 6 금용빌딩 2F
전 화 : 02)2298-7661
팩 스 : 02)2298-7665
http://blog.naver.com/cw7661
E-mail : chunwo@hanmail.net

값 18,000원

ISBN 978-89-7954-882-2